儿童叛逆心理学

谢　普◎编著

台海出版社

图书在版编目（CIP）数据

儿童叛逆心理学 / 谢普编著 . -- 北京：台海出版
社，2024.9. -- ISBN 978-7-5168-3970-6

Ⅰ . G782

中国国家版本馆 CIP 数据核字第 20245SX266 号

儿童叛逆心理学

编　著：谢　普

责任编辑：姚红梅　　　　　　　　封面设计：舒园设计工作室
策划编辑：兮夜忆安

出版发行：台海出版社
地　　址：北京市东城区景山东街 20 号　　邮政编码：100009
电　　话：010-64041652（发行，邮购）
传　　真：010-84045799（总编室）
网　　址：www.taimeng.org.cn/thcbs/default.htm
E－mail：thcbs@126.com

经　　销：全国各地新华书店
印　　刷：天津海德伟业印务有限公司
本书如有破损、缺页、装订错误，请与本社联系调换

开　　本：690毫米×960毫米　　　　1/16
字　　数：127千字　　　　　　　　印　张：10
版　　次：2024年9月第1版　　　　印　次：2024年9月第1次印刷
书　　号：ISBN 978-7-5168-3970-6

定　　价：59.00 元

前　言

孩子叛逆，是一个令无数家长头疼的问题。

很多时候，无论家长怎么说、如何做，换来的都是孩子的无视、冷漠或对抗。怎么办？

毕竟，孩子是自己的，不可能放任自流。

所谓的叛逆，其实是孩子在成长与突破中的挣扎、冲撞，是孩子心理走向成熟的过程。孩子通过"挑战"家长，从幼稚走向成熟——尽管他（她）的很多挑战看上去是如此幼稚、可笑甚至荒唐。因此，这一时期，又被称为"心理断乳期"：心理上依附于家长的孩子逐渐迈向独立。如果孩子太听话，从未有任何的叛逆，这不见得是好事。他（她）可能一直没有长大，或者到了20多岁再叛逆——那时候，其破坏力会更大。

孩子的叛逆是正常的，只是孩子与家长看待事物的观点不同而已。面对孩子的叛逆，家长唯有放平心态，多点耐心，才能当好孩子的引路人，陪他走过这段成长之路。叛逆期的男女，一半孩子、一半大人。身心变化、想证明自己的独立、争取更多自主权……

放任自流不行，强行干涉无效。家长究竟要如何陪孩子顺利度过叛逆期？

本书基于教育心理学，告诉家长如何看待叛逆期孩子的成长和转变，如何调整自己的教养角色与教育方法；用爱和智慧陪伴孩子，引导孩子快乐成长，帮助孩子消除叛逆期的烦恼，让孩子锻炼出发达的心理肌肉，从而顺利走过叛逆这个关卡。

目 录

第一章

所谓叛逆，本质是孩子在 **成长**

　　叛逆不是孩子的错。叛逆其实是孩子在成长，是孩子在迈向成熟、迈向独立

过程中的表现。孩子是在向家长宣布：爸爸妈妈，我长大了。家长要读懂孩子叛

逆背后蕴藏的成长的契机。

本能叛逆与理性叛逆

相信不少家长都有类似的感触：孩子小时候很乖，但慢慢长大后，就变得不听话了。以前，家长说啥都听话照做。慢慢地，把家长的话当耳边风，甚至不管家长说啥都直接反驳。更离谱的是，家长说东，他故意往西，就是要对着干。

在传统观念中，"叛逆"是一个贬义词，意味着"不好""不听话""变坏了"。但真的是这样的吗？

      暑假的一天，本来说好了下午一起去乡下看奶奶。可临走前，小军的爸爸却发现小军不见了。打电话不接，发微信不回，爸爸只好四处寻找小军。

      找了一大圈，傍晚才在一家游戏厅里找到了玩赛车游戏的小军。

      "小军小时候可乖了，聪明又听话，学习成绩好，老师很喜欢，我们也很骄傲。那时候他的画还获过奖呢！可现在，不仅跟我们顶嘴，还整天沉迷游戏，不给他手机玩，就去游戏厅……没想到孩子会变成这个样子。"小军的爸爸边说边摇头。

这个故事中，曾经听话的小军开始了叛逆：他有着自己的小世界，并沉迷其中，不论父亲说什么，他都不会放在心上。

如果去问叛逆的孩子，为什么要那样做，他会说"大人都不了解我""他们什么都不懂"。孩子说"不"是一种普遍现象，是发展独立人格的必经之路。此时，其成人意识慢慢增强，形象思维转变为抽象思维。这使得孩子的自我意识逐渐加强，处处要体现"自我"的存在。于是，和家长对着干成了他们体现自我的一种方式。

叛逆其实并不可怕，它不是孩子的错，只是"成长惹的祸"，是孩子在成长过程中的一种心理状态。

叛逆有本能叛逆和理性叛逆之分。前者是依据自我感觉、好恶来判断，只要"我不喜欢"，就会表示反对。后者则是依据理智思考、分析，做出理性的判断。孩子在成长过程中的叛逆，属于本能叛逆。

叛逆的孩子通过个人喜欢与否来判断事物。但喜欢的事情未必就是正确的。所以，家长要帮助孩子通过发展理性思维，促进本能叛逆向理性叛逆转换。用理性叛逆取代本能叛逆，是一个重要的转换与进步。因此，要教会孩子避免用好恶去判断任何事情。

孩子思想观念多为感性，理性思考习惯尚处于发展初期。他们会逐步显示出对家庭、学校的种种束缚的反感，对所有规则一律加以排斥。如果任由这种本能叛逆行为肆意发展，就会出现行为偏差，如厌学、早恋等。在孩子的成长过程中，都会出现本能叛逆，只有经过不断学习、理解、体悟，逐步提高理性思维的比重，他们才会变得更加理性与稳重。

面对孩子的本能叛逆，家长应该退居到孩子的背后，少替孩子做决策，多征求他们的意见，比如："你是怎么认为的呢？""你打算如何处理呢？"知道孩子的想法后，家长再进行判断，并对错误加以修正。在与孩子交流的过程中，要注意自己的语气。要知道，在这个过程中家长只是帮助者，而不是决策者。

孩子叛逆并不是坏，只是孩子的行为不符合家长的期望和目标。叛逆是孩子走向成熟和独立的必经之路。他们在经济上依附家长，心理上期盼摆脱家长，两种力量"交战"的过程中，孩子会通过各种手段和方法来确立平等地位，叛逆就这样产生了。

有叛逆，才有个性，孩子才会不拘泥于既往，并勇于创新；有叛逆，才能抛弃陈旧的束缚，勇于开创一片天地。

所以，不要急于去改变孩子，要顺应孩子成长的自然规律，顺应孩子的天性，给他们更好的引导和保护，让孩子顺利度过叛逆期。

叛逆是成熟的必经之路

叛逆的孩子爱跟家长对着干，或者经常说出攻击性很强的话。这些表现让家长感到生气，甚至是伤心、寒心。很多家长只要一提到"叛逆"两个字，就感到头疼不已。

张姐的儿子刚进入叛逆期时，张姐软硬兼施，都不奏效。她忍不住在微信朋友圈"吐槽"，顺便征求亲友们的意见：

孩子今年12岁了，在学校上课经常做小动作，和同学打架。我和他爸爸非常重视对孩子的教育，给孩子报了各种作文培训班、英语班、跆拳道、乒乓球班，我们每个学期还会带他出去旅游。可孩子好像并不喜欢这些，总和我们顶嘴。

对这个孩子，讲道理等手段都使过了。然而，结果还是没用。我们想尽办法引导孩子，希望他走上正道，可孩子是一头"犟牛"。谁能给出出主意帮帮我？

叛逆的反面是听话，是顺从。如果孩子事事顺从，家长的确会很省心。但这种省心背后，埋藏着定时炸弹。

研究表明，患有抑郁症和有自杀倾向的个体，大多数都有缺失叛逆的经历，表现得过分乖巧和顺从。原因在于：一是成长环境不允许孩子成为自己；二是孩子缺少力量成为自己；三是孩子离自己的真我太远，以至于并不知道真实的自己是什么样子。因此，家长引导叛逆期孩子心理发展的一个重要任务，就是让孩子成为自己，完成自我认同。当孩子渴望成为独立的个体，但内心并不确定自己已经成人时，由于家长与自己关系最密切，孩子往往会通过与家长对抗来确认自己的存在感。你要我干什么，我就偏不干，正是叛逆期孩子的内心写照。

1. 叛逆是孩子内心在强大的标志

孩子叛逆，往往源于心理上与家长过于紧密的联系。他想成为独立的个体，所以必须在形式上与家长拉开距离，以此来证明自己的存在和价值。

孩子的叛逆，深深地叩击着家长的内心。我国首位获得诺贝尔文学奖的作家莫言在他的博文里说："我崇拜反叛父母的孩子，因为我认为敢于最早地举起'反叛义旗'的孩子必定是治世英雄的雏鸟。父母仅仅会爱并不及格，因为母鸡也会爱，何况最真挚的爱的另一面往往是最苛虐的酷政。"

直到有一天，当叛逆孩子的内心已经相对强大，确信自己心理上已经独立，不会被家长所忽视和控制时，就会重新变得温和。这种温和就像我们面对年迈的家长那样自然而从容。

2. 叛逆是孩子走向独立的开始

孩子的逆反、叛逆，家长既要正确对待，又要合理地加以引导，帮助孩子顺利度过叛逆期，走向成熟。家长应在理解的基础上，对孩子采取科学的方式加以引导。

叛逆是孩子独立性的表现。进入了叛逆期，意味着孩子从依赖走向独立，他们希望家长把自己当大人看待。孩子已经具备了与家长对抗的能力，所以开始表现出对家长的逆反。家长需要理解孩子，叛逆期孩子需要学会思考、学会独立。叛逆期是孩子向大人转变的开始，是孩子从完全依赖家长走向独立、走向成熟的必经阶段，这是一种心灵自我完善的过程。孩子如果一直毫无主见地服从家长，那么也就不会拥有创造性，这样的孩子可能永远都不会走向独立和成熟。叛逆期的孩子最大的优点，就是具有独立性和敢做敢闯的品格，如果家长引导得好，孩子进入社会后往往能成为优秀的人。

此外，家长要反省自己是不是在对待孩子的态度和教育方式上出了问题，如果确实是家长的问题，就要及时做出调整。孩子过度的叛逆，最大可能来自家长对孩子的管教太苛刻、不近情理。通常，对"不可理喻"的家长，孩子的应对方式是更多、更猛烈的逆反与对抗。

3. 不要抹杀孩子叛逆的天性

孩子的叛逆意味着其天性的又一次开启，家长千万不能抹杀孩子的这一天性。如果家长引导和处理得当，孩子就能沿着正确的轨道，顺利度过叛逆期。叛逆不代表顽劣，家长不能以"好孩子""坏孩子"作为判断孩子将来有没有出息的标准。

任何事物都有两面性，孩子的叛逆也是如此。叛逆的孩子更有个性，更不会拘泥于既往，更有创新意识；叛逆的孩子敢于突破旧有的束缚，勇于闯出属于自己的一片天地，成为卓越者。相信每位家长都期望孩子能够发展出独特的个性，而过度顺从只会使孩子失去自我。所以，家长应该顺应孩子成长的自然规律，走进孩子的心灵，用爱心扶植，用冷静、宽容的心理给孩子一个走出叛逆期的时间和出口，更好地保护孩子的这一天性，不要让彼此的心走得太远。

不叛逆的孩子未必有出息

"听话，乖"，这是妈妈教育3岁宝宝的口头禅，这句话如果到孩子的叛逆期，还有用吗？家长都期望教育孩子可以少操心，孩子循规蹈矩，遵守纪律，听老师的话……这样"懂事、乖巧"的孩子，很受家长和老师的夸奖和表扬。

而当孩子表现得调皮、淘气、叛逆时，就会被认为"不乖"，会受到批评、责怪等。但很少有人想到，听话的背后很可能埋藏了一粒"压抑"的种子，孩子听话是好事，但是过于听话的孩子也意味着他可能在压抑自己。孩子的"听话"可能是建立在孩子有话不敢讲，有想法不敢付诸行动的基础上，压抑着自己内心真实的需要和感受，去迎合家长和老师的需要。他无法做真正的自己，这样的孩子真的是"好孩子"吗？

一个就读于省重点初中的女孩，家长每每谈起都相当有自豪感。可在第二个学期时，女孩经常会在课上到一半时，身上出现莫名其妙的疼痛，需要到校医务室检查或休息。

一开始是一星期一到两次，后来竟然天天都要到校医务室报个到。奇怪的是，她的疼痛不适并不是固定在一个部位，有时是头痛、有时是胸闷、有时是胃痛、有时却说不清哪个部位难受，只要在医务室躺一两个小时就好了。因此缺课越来越频繁。老师眼看这样不是办法，于是和她的家长联系，请家长带孩子去医院检查，结果折腾来折腾去都没有查到什么病因。后来，女孩请假在家休养，不再来学校了。

没办法，家长只好带女儿到心理咨询门诊就诊。心理医生分析可能是忧郁症的前兆，尚不需要药物治疗，只需一段时间的心理辅导。在心理医生介入的初期，女孩很配合，有问必答，但敏锐的心理医生知道，很多信息可以说是有答而等于无答。在一次谈话中，心理医生拿出笔和纸让女孩随意涂鸦。女孩拿起笔，停顿了很久才开始画了起来，不到半个小时，女孩禁不住泪如泉涌。画上，是一个戴着面具的女孩，很像女孩自己，面具像在燃烧着。女孩告诉心理医生，她要烧掉这个面具，戴着面具的生活让她透不过气来了。

原来，多年来，女孩一直在努力扮演着家长和老师们口中的"好孩子"。小学毕业后她本想学习动漫，鼓起勇气告诉了家长自己的想法，结果被家长拒绝，建议她等到大学再考虑这个选择。之后女孩就不再提起，继续扮演着"好孩子"，但内心却因不喜欢课业而万分痛苦。可女孩觉得这个痛苦不能说出口，因为说了自己就成了"坏孩子"了，女孩不想让家长担心。

俗话说，"病由心生"。就像许多压力过大的人易患偏头痛一样，这些不能言说的情绪，会通过身体病痛表现出来。家长不要以为孩子在装病，那是千真万确的不舒服。有什么样的思想，就有什么样的身体状况，身体能诚实地表达最真实的现状，它是人内在思想和信念的反映，确切地说，是人自己"创造"了自身的疾病。

为了得到家长的爱、老师的表扬，许多孩子宁愿牺牲自我，即便心中百般不情愿也默不作声，一直扮演着"听话"的孩子的角色。一旦失去家长的指点，就会变得茫然。表面上看到的孩子的乖巧、顺从、懂事与成熟，其实只是孩子在掩饰自我意识，他们只是想对家长表达自己的爱与忠诚，也可能是恐惧和家长间那份爱的联结断裂消逝。他们不想听到家长反对的声音，不希望被家长拒绝，这样的孩子虽然不叛逆，但也没有主见。

家长总是要求孩子听话，要求孩子规规矩矩、百依百顺，但这可能会使孩子失去独立性，失去创造力。家长对孩子限制过多，会导致孩子逐渐养成对家长的依赖，这并不是件好事。太听话的孩子还可能失去更重要的东西，即创造力。缺乏创新的孩子，在长大后很难有一番作为。

研究证明，"淘气"的孩子往往具备更好的创造力、独立性。原因就是他们的接触面广，大脑接受的刺激多，他们学会了独立思考，对常规的事情很容易产生疑问，并且勇于挑战，富有标新立异的想法和创举。因此，给孩子的"不听话"多一点宽容吧，这对激发孩子的创造力有很大的好处。

创造需要一定的时间和空间。如果家长对于叛逆期的孩子束缚太紧，毫无自由的空间，等于扼杀了他们的创造力。因此，请给孩子更多的时间和空间，不要限制他们的"淘气"，让他们充分地展现自我，给他们提供广阔的空间去自由创造。

所以，孩子进入叛逆期后，家长不要再把"乖""很听话"还当作优点来看，也不要把"不听话"的孩子当成"坏孩子"。也许，他们才是充满生命力、充满能量的潜力股，只要家长有足够的耐心和宽容，给孩子以正确的指导和帮助，孩子一定会回馈给你很多的惊喜！

给孩子留出叛逆的空间

表面看来，叛逆期的孩子好像是故意排斥家长，不愿意接受家长的帮助，跟家长越来越疏远，这其实是孩子成长的需要——孩子的内在需要独立。这时候，如果家长宽容地对待他，鼓励、支持他尝试，同时又能划出清晰的行为界限，他就有机会体验由内而外的和谐一致，从而发展出足够的信心和能力进入社会。

家长能给予孩子最好的支持就是相信孩子的生命力，欣赏孩子，并且鼓励他自我欣赏。家长要顺应孩子成长的需要，帮助孩子自主自立，慢慢放手，信任孩子，舍得让他经历成长中可能遇到的挫折甚至痛苦，引导他发展出更多美好品质，坚持、有韧性、勇敢、灵活、耐心……也让他体验生命的丰富和瑰丽。这里的"放手"不仅指外在，让孩子做自己力所能及的事情，还包括内在，接受并允许孩子长大、独立、分离。

有一位妈妈非常看不惯12岁的儿子的穿着，特别是把裤腰穿得特别低，看着要掉下来的样子，说了几次都不改。有一回出门，妈妈就伸手把儿子的裤子往下拽，没想到把外裤给拉得掉下来，露出了内裤。儿子当众出了洋相，感到很羞愤。以后每当妈妈靠近时，儿子就紧张地提一下裤腰，双手还攥紧裤腰带。可是这位妈妈还因此有点扬扬得意，认为这招很管用。

这种当众出丑，对孩子的伤害非常大，会给他们的母子关系造成很大的麻烦。这位妈妈真正是"赢了小战役，输掉大战争"。表面上妈妈赢了，但把最宝贵、更重要的——孩子的心输掉了。更何况，谁知道孩子在妈妈看不到时又是怎么穿的，会不会阳奉阴违呢？做家长的倒不如退一步，给孩子一些安全的叛逆空间！比如这个案例，如果妈妈带孩子一起去购买彼此都能接受的服饰，还可以减少冲突、增进和谐。

1. 孩子需要叛逆的空间

孩子的成长需要空间。叛逆期的孩子更需要家长给留出空间。在这个空间里，允许孩子反叛，允许他反叛家长、反叛环境、反叛他自己。叛逆期孩子的内心里有着莫名的焦虑在翻涌，无法掌控，体内的能量会在叛逆期达到极限。

叛逆期孩子"破茧成蝶"的过程，既是反抗家长的战争，也是与自我的抗争。这是家长必须面对的一道难关，也是让家长担忧的危险时刻。家长要学习如何在收放之间拿捏好分寸。

家长要和叛逆期的孩子一起成长，并给孩子留出叛逆的空间，这是智慧的选择。家长的体力和精力都是有限的，在安全的范围内，不妨将紧闭的门打开一些，给孩子一些空间，在可能的情况下尽量说"好"。可能孩子会犯一些小错误，但是因为你对孩子的信任和尊重，他会从错误中吸取教训，进而逐步成熟起来。

2. 以退为进，放手让孩子叛逆

所谓的"叛逆"，说穿了是家长的心态、观念的问题。叛逆不是孩子变坏，而是长大过程中遇到困难了，在请求家长帮忙的信号。

家长应该尽量尊重叛逆期的孩子，这时不妨"以退为进"，例如，提供自己的经验、想法给孩子参考，然后放手让孩子自己分析、考虑，再做出决定，只要他的决定不影响他人即可。通过一次次的历练，孩子需要承担自己的选择带来的后果，并从失败中累积经验，以便下次做出更明智的选择，主动修正错误，促进自我成长。

3. 帮助孩子顺利度过叛逆期

首先，家长需要转变观念。叛逆期的孩子具有成人意识，但不具备成熟的心理。家长往往只注重孩子不成熟的一面，却忽视了孩子成熟的一面。

其次，家长需要改变家庭教育观。不少家长习惯站在教育者的立场对待子女，缺乏对双方互动关系的认识，缺乏对孩子自我发展的成长特性的了解，不能适应孩子发展的需求。因此，家长必须适应孩子的成长，及时更新教育观念和态度。

再次，家长应该正视此时期亲子关系的变化。孩子通过叛逆期走向自主自立，他们不会再处处依赖、模仿家长。等过了叛逆期，真正成年后，他们对家长的态度才会真正成熟。届时，孩子已经成为独立的自我。

最后，家长在与孩子相处的过程中，要像对待朋友一样对待孩子：尊重孩子的自主权、隐私权；遇事少命令，多与孩子商量；倾听孩子的想法并积极引导。

坦然接受孩子的叛逆

表面看来，叛逆期的孩子不愿接受家长的安排。实际上，这是成长的需要——孩子的内在需要独立。

在养育孩子的过程中，家长往往会习惯强求孩子，压抑孩子的内在声音，导致孩子内心变得脆弱。因此，家长给予孩子最好的支持，就是相信孩子、欣赏孩子。家长需要顺应孩子成长的需要，慢慢放手、信任孩子，舍得让他经历挫折、痛苦，这些都会帮助他更好的成长。

鹏鹏读小学期间，一直斯斯文文的，很听话，脾气也好，跟人相处友好、大方，给妈妈带来了很多欢笑。可进了初中后，鹏鹏好像突然变了个人，不讲理、特别固执，口渴了非要买矿泉水，不喝白开水；穿衣服要挑带花的；看见邻家孩子用手机刷视频乐在其中，也要妈妈给自己买手机。

面对叛逆的孩子，如果家长急着"拔刺助长"，非但"刺"没拔掉，反而可能把自己扎得鲜血淋漓。此时，教育成了件棘手的事。打骂不行，那样反倒会激发孩子的抵触情绪和逆反心理；说教越来越失去了效用，只会被孩子当成耳边风；放任不管更是会让孩子成为"脱缰野马"。

当各种传统的教育方式失效时，家长不妨换一种方法，即尊重孩子心理发展的规律，肯定和接受孩子的叛逆，改进自己对孩子的教育方式和态度。

1. 要活出自我，孩子需要有适当的叛逆

叛逆期的孩子要经历成长，活出自我，就需要有适当的叛逆，如果没有经历过适当的叛逆，就很难成为真实的自我。有心理学家把叛逆的行为称为"试翅"，小鸟为了能飞，要不断练习飞翔，直到羽翼丰满，就可以飞出去了。

2. 孩子叛逆，家长要先自省

首先，教育孩子不能只看到孩子表面的问题，要寻找和挖掘这些问题背后的原因。例如，当孩子出现吸烟饮酒行为时，家长不要急于斥责孩子，那样会激发孩子强烈的逆反心理，从而更加叛逆。

其次，要理解孩子，试着成为孩子的朋友。叛逆期的孩子需要被理解，他们觉得家长总是高高在上，于是喜欢在同伴那里寻找理解和共鸣。如果家长能放下架子，把自己当作与孩子"一条战线上的哥们儿"，孩子在接受教育引导时的抵触心理就会轻得多。

再次，改变居高临下的教育方式，与孩子平等相待。如果你在孩子面前动不动就摆出一副"我吃过的盐比你走过的路还多"的架子，会拉开自

己与孩子的心理距离，容易激化孩子的对抗心理。

最后，要冷处理孩子的逆反。叛逆期孩子的情绪容易激动，面对孩子的叛逆，要冷静分析孩子叛逆行为背后的动机，了解孩子的需求。如果跟自己的教育方式有关，就应该注意改进方法。对孩子的逆反行为可以冷处理，例如，想办法先稳住孩子的情绪，把事情放一放，等事情过后再教育、说道理。

3. 把"叛逆期"变成孩子的"成长期"

家长要用科学的方式引导孩子的行为，把"叛逆期"变成孩子的"成长期"，可从这几个方面入手。

首先，杜绝命令和独裁，崇尚民主平等。家长要避免专制，避免使用带命令、强迫性的话语，给孩子提出的要求要适当，即孩子通过努力可以达到。

其次，主动关爱孩子，积极沟通倾听。想让孩子听你的话，你首先要听孩子说话，做一个好的倾听者，这样孩子才会感觉到家长的爱，自然会乐于接受家长的意见。因此，家长应多与孩子沟通，倾听孩子的想法和需求。家长还要给孩子足够的关爱，让他健康快乐，也就能避免孩子为寻求关注而逆反。

再者，强化正面行为，帮助孩子积极转变。家长一定要及时对孩子表现的正向行为进行奖励和表扬，以此强化孩子的正向行为，进而使其保持。当孩子的正向行为加强后，他的环境也跟着变化，而家长尽可能以关注和赞美的方式支持孩子的改善行为，家庭气氛也会更加轻松。

罗森塔尔效应：巧用积极暗示

"罗森塔尔效应"又称"期待效应"，是一种暗示的心理效应。暗示对于孩子的叛逆具有非常好的引导作用，能真正做到"润物细无声"。

美国著名心理学家罗森塔尔曾做过这样一个实验：把一群小白鼠随机地分成A组和B组，告诉A组的饲养员"这是一组非常聪明的老鼠"，同时又对B组的饲养员说"这一组的老鼠智力非常一般"。几个月之后，罗森塔尔对这两组老鼠进行穿越迷宫的测试，发现A组的老鼠竟然真的比B组的老鼠聪明，它们能够先走出迷宫并找到食物。

罗森塔尔从这个实验中得到了启发，他想这种效应在人的身上能不能发生呢？于是他来到了一所普通中学，在班里的学生名单上圈了几个名字，告诉他们的老师说"这几个学生智商很高，很聪明"。过了一段时间，他又来到这所中学，奇迹发生了，那几个被他选出的学生真的成了班上的佼佼者。

为什么会出现这种现象呢？正是"暗示"在发挥作用。

每个人在生活中都会接受这样或那样的心理暗示，有些暗示是积极的，有些暗示是消极的。积极的暗示让人积极向上，而消极的暗示则会打击人的信心，磨灭人们奋斗的激情。暗示在孩子的成长过程中发挥着极其重要的作用，特别是来自家长的暗示。家长是孩子最喜欢、最信赖、最可依靠的人，也是施加心理暗示最有效的人。如果家长长期对孩子施加消极和不良的心理暗示，就会使孩子的情绪受到影响，严重的甚至会影响其心理健康。

　　萌萌今年4岁，问他将来想干什么。他非常果断地说："我将来想当博士。"一个周末的下午，他用纸做了一顶博士帽，然后戴在头上，兴奋地对着妈妈大喊："妈妈，您看我像博士吗？"妈妈说："还真像，我儿子是博士了。"一边还给萌萌拍了张照片。从那以后，萌萌开始用一个博士的标准来要求自己，就连走路的姿势也变得斯文起来，仿佛真的是个博士。

赞美、信任和期待具有魔力，能改变孩子的行为。当孩子获得家长的信任和赞美时，他便获得了支持，自我价值得到增强，变得自信、自尊，充满积极向上的动力。为了不让信任自己的人失望，他会尽力达到对方的期待，从而维持这种支持的连续性，这就是暗示的作用。

生活中，家长一个眼神、一句无心的话，都会在不知不觉间对孩子产生积极或消极的暗示。这些暗示对孩子性格的形成、学习和生活习惯的养成、意志品德的形成都起到不可低估的作用。很多时候，积极的暗示更胜于说服教育，不仅有助于融洽家长与孩子之间的关系，对孩子性格的形成也有着潜移默化的影响。

第二章

孩子叛逆，家长有责

对于叛逆期的孩子来说，其叛逆的行为就像打开"潘多拉的魔盒"一样，常常会产生让人始料不及的结果。而追溯其根源，则与交给孩子"潘多拉的魔盒"的人——家长密不可分。从某种意义上说，是家长教育不当导致了孩子的叛逆。

因为孩子的叛逆，最通俗的说法就是，在一定的条件下，家长向左，孩子向右；家长不要孩子这样做，反而使孩子增强了想这样做的欲望；家长说正，却使孩子产生负的感觉。

溺爱是叛逆的放大器

教育孩子，需要给予孩子爱。孩子渴望爱、渴望关心，但必须爱得适度、爱得理性。爱是一场理性的滋养，溺爱会让孩子迷失方向。那些娇惯溺爱型的家长，以爱的名义无节制地纵容孩子，缺乏对孩子日常行为的明确规范，无原则地满足孩子的需要。这类家长常常会说："你说怎么办就怎么办。"娇惯溺爱型的家长培养的孩子幼稚、依赖性强、以自我为中心、易冲动、任性、不服从、反叛、霸道、脆弱、缺乏独立生活能力、社会适应性差。这些缺点会在孩子叛逆期时成倍放大。

溺爱是愚昧的爱，古人所说的"虽曰爱之，其实害之；虽曰忧之，其实仇之"，就是对"溺爱"最好的注解。

有些家长分不清真爱和溺爱的界限，掌握不了方法和分寸。有研究人员在多年家庭教育工作的调查研究中总结出10种普遍存在的溺爱，供家长参照，以便具体地防止和纠正溺爱行为。

1. 给孩子特殊待遇

孩子在家庭中高人一等，处处享受特殊照顾：好吃的归他一人享用；爷爷奶奶可以不过生日，孩子的生日却大操大办；家长对孩子的要求百依百顺；等等。这样的孩子自感特殊，习惯于高人一等，很可能变得自私，没有同情心，不会关心他人。

对策：应当把孩子视为家庭的普通一员，家里的一切是大家都可以享用的，即使只有一个苹果，也不要让他吃独食，最好大家分着吃。平时，要教育孩子照顾老人、病人，鼓励孩子"克己利人""爱人为乐"。

2. 过分注意孩子

一家人时刻看着他，关照他，陪伴他，议论他。过年过节，亲戚朋友来了往往嬉笑逗引个没完，家里人也都围着他转。这样的孩子会认为自己是中心，由此变得十分娇气、骄傲自满、没有礼貌、不听话。

对策：家长不应过分注意孩子，有时只需偷偷关照、注意即可。客人来了，不宜对孩子过分热情，不要把孩子当中心话题。在客人来之前，家长要教育孩子：客人来了必须有礼貌，不要吵闹，专心做自己的事。

3. 生活懒散

家长允许孩子饮食起居无秩序，玩耍学习没规律，想怎样就怎样。这样长大的孩子缺乏上进心、好奇心，不能安静专注，做事心猿意马、有始无终。

对策：家长应严格要求孩子规律生活。具体做到：家长要以身示范，培养孩子早起锻炼的习惯；培养孩子动静有序的生活习惯；帮助孩子养成良好的饮食习惯；帮助孩子养成定时看电视、上网和按时睡眠的习惯。

4. 不敢严格要求孩子

有的家长哄着孩子吃饭、睡觉；孩子病了，要说许多好话哄他才能吃药、打针等。

对策：家长在孩子面前永远不要有祈求、央求的态度。对孩子的教育态度应当是严肃认真的；教育的神情应当是坚定和充满信心的；教育的方法应当是孩子做好了要给予赞许和鼓励，孩子不听话就应严肃地批评。

5. 不让孩子劳动

在谈到孩子劳动的问题时，有的家长竟说："我疼都疼不及，还忍心让孩子劳动！"也有人说："叫他做事全是问题，还不如我替他做了。"所以，现今很多四五岁的孩子还要家长喂饭，自己还不会穿鞋、穿衣服，有些上小学甚至读中学的孩子还不会做一点家务，不懂得劳动的愉快和帮助家长减轻负担的责任。凡此种种，将会使我们的身边缺少勤劳、善良、自信和富有同情心的孩子。

对策：家长要教育、鼓励孩子自己的事情自己做，同时还要及时给予肯定和表扬，创造劳动的愉快气氛，并常与孩子一起快乐做事。

6. 在孩子的病痛面前大惊小怪

孩子有病痛时，有的家长总是先表现出惊慌失措，如此一来，即使摔着不哭的孩子也会跟着大哭起来。那些生病发烧却在继续玩耍的孩子，在家长惊慌的神情下，就会喊这里疼那里不舒服，娇气得不让家长离开一步。

对策：家长在孩子的病痛面前不要惊慌，要保持沉着冷静，必要时前去就医。这有助于培养孩子遇到问题沉着应对。

7. 一切包办代替

不少家长对孩子宠爱有加，娇惯无比，生活上包揽一切，学业上越俎代庖。上海、天津对中小学生的一项调查表明：51.9%的学生长期由家长整理生活、学习用品，74.4%的学生在生活、学习上离开家长就束手无策。结果导致孩子缺乏爱心，丧失自信，形成依赖、懒散和懦弱的不良个性。

对策：家长应鼓励和安排孩子做些力所能及的事，例如两三岁的孩子可让他自己穿鞋子、穿衣服等，四五岁的孩子可让他整理玩具、收拾自己的用品等。这样既培养孩子的劳动习惯和自理能力，又能增强孩子的责任感和自信心。

8. 害怕孩子哭闹

家长由于过于迁就依从孩子，导致孩子一不顺心就以哭闹、躺地上、不吃饭等来要挟家长。这时，溺爱孩子的家长就只好选择哄骗、投降、依从，甚至容忍孩子打骂自己。

对策：家长在孩子哭闹时要保持平静，说清道理，绝不迁就。不要一哭闹就依从孩子，也不要打骂和损伤孩子的自尊心，有时要善于分散孩子的注意力或是平静地劝说孩子。

9. 袒护孩子

有时爸爸管教孩子，妈妈护着："不要太严了，他还小。"有时父母管教孩子，爷爷奶奶出来说话："你们不要太急，他大了自然会好；你们小的时候，远没有他好呢!"这样管孩子，不仅导致孩子性格变得扭曲，有时还会造成家庭不和睦。

对策：只有一家人统一认识和方法，才能把孩子教育好。当一位家长在教育孩子时，家中其他人都应持支持，要配合默契，不让孩子发现内部的分歧。即使某个家长教育方法不当，也不宜当即干预，而是应该在背后与孩子以外的其他家庭成员统一教育思想和方法，这才是真正地爱孩子。

10. 轻易满足孩子的物质要求

很多家长都抱着"再穷不能穷孩子"的观念，孩子要什么就给什么，尤其一些工作忙的家长，总是习惯用物质来表达或弥补对孩子的爱。这样会使孩子养成不珍惜物品、讲究物质享受和不体贴他人的坏习惯，并且缺乏对理想的追求，毫无忍耐和吃苦精神。

对策：对孩子的物质要求，如不应当满足的，则绝不满足；应当满足的，一般也不要马上满足，让孩子有所等待和忍耐。要告诉孩子，人生的追求，哪怕是一个小小的目标也不会是一帆风顺的，很多东西需要学会等待、忍耐、克服种种困难和努力争取才能得到。

严格管制会使孩子更叛逆

孩子的各种叛逆的语言、行为，看似有问题的是孩子，其实根源还在家长。过于严厉的家长，也会引起孩子叛逆。有的家长担心溺爱孩子会让孩子叛逆，担心"慈母多败儿"，觉得还是应该对孩子严厉些，于是对孩子过于严厉，严重损伤了孩子的自尊心。

11岁的小雅，父亲是一个非常严格的工程师。小雅读小学时成绩非常优秀，当时父亲要求她每次考试必须进年级前十、班级前三。父亲的严苛要求，让小雅不敢有丝毫反抗，只能拼命地学习，虽然达到了父亲的要求，可小雅内心痛苦不堪，到了中学，小雅紧绷的心弦终于断了，出现了叛逆。

初三下学期刚开始，小雅怎么也不肯去上学了，任凭家长磨破了嘴皮子也不去，气得父亲大骂，并扬言与她断绝父女关系。父亲的"威胁"丝毫未奏效，小雅反而离家出走。

数据显示，家长对孩子严苛的管制，是许多青少年叛逆、走向歧途的重要原因。近几年，"虎妈""鹰爸""狼爸"等事例告诉我们，近乎苛刻的教育带来的未必是想要的教育结果，甚至起到的是反作用。原因在于，家长长期对孩子的严格管制，对孩子的劣性刺激过多，却少有良性的鼓励，孩子身上的问题得到强化，甚至破罐子破摔。

1. 家长要平和地对待犯错的孩子

错误一旦产生，有的家长会头脑发热，控制不住情绪，对孩子使用暴力手段。倘若家长先调整好心态，等自己心情平和后，再解决问题就容易了。

家长要允许孩子错误，多给孩子"尝试－错误－完善"的机会。如果对孩子太过严厉、苛刻，不允许孩子犯错，很可能导致孩子出现心理问题。在家长的严格管制下，孩子可能出现自卑、懦弱、冷漠等消极的情绪，产生心理障碍，易发生无法自控的攻击和冲动行为。例如，孩子上网看似会使孩子变坏，但很可能是孩子正在进行某种尝试。如果家长高压管制其上网，必然会使孩子反感，促使其更加叛逆。家长应给孩子犯错误的权利，让其慢慢消化"叛逆"心理。

孩子犯错时，正是教育孩子的好时候，可以使其在改正错误的道路上不断成长。所以，请允许孩子犯错，并在孩子犯错时进行正确的教育和引导，让孩子从错误中吸取经验教训。

2. 和孩子换位思考

家长要学会站在孩子的角度考虑问题，多了解孩子的个性，采取合适的方式交流并根据孩子本身的特点来教育孩子。千万不要打击孩子的求知欲望，即使他们顽皮叛逆，也要跟孩子共同学习。对于性格内向的孩子，家长要引导孩子开口，聆听孩子的心声。

家长了解了孩子的立场，才更容易和孩子成为朋友，孩子的心灵和行为才会得到理解。慢慢地，家长的正面形象就会在孩子心中扎根。家长要多理解、尊重孩子，把孩子当成大人平等相待，有事商量着来办，循循善诱，以理服人，以情动人。

3. 做负责任的家长

孩子犯错后，家长惩戒的方式有很多种，但绝不应采用家庭暴力或变相的家庭暴力。若是孩子犯错后有悔改的表现，是没有必要惩戒的，更应该采取激励的方式。而且，惩戒应该建立在不伤害孩子身心的基础上。

家长不妨通过实践性教育和启发式教育让孩子走出叛逆。实践性教育是让孩子通过亲身实践，感受失败后的落差感和挫败感，让孩子明白犯错的代价。此外，也可以让孩子多看一些富有教育意义的书籍、影视等。启发式教育比实践性教育更简单、快速，只是效果不如实践性教育深刻。启发式教育需要家长深刻了解孩子的问题根源。例如，孩子早恋耽误了学习，家长可以过来人的身份来讲自己当年的感受，通过共情引导孩子，让孩子明白早恋的利弊。

过度干涉让孩子在苦闷中反抗

过度干涉也是导致孩子叛逆加剧的"催化剂"。据调查，不少受访学生表示"妈妈干涉我做的每一件事"。比如，染烫头发、抽烟、着装暴露……有学生表示，"妈妈总是挑剔我的朋友、干涉我的交友。"有学生表示，"妈妈不允许我做一些其他孩子可以做的事，怕我出事。"一些孩子为了发泄对家长过度干涉的不满，通过叛逆的形式来证明自己长大成人了。

陶力是个六年级的大男孩，本该活泼好动的年龄，每天脸却拉得老长，神情严肃凝重，准确说是压抑、厌烦、无奈！陶力学习成绩不好，每天坐在教室里发呆混时间。可惜家长和陶力沟通太差，并不了解孩子的内心，每天都在规划着陶力的人生蓝图。两代人各怀心事，话不投机三句多。陶力一狠心，断绝了跟家长之间的有效信息沟通。

后来，在心理咨询师的帮助下，陶力逐渐打开了话匣子，"控诉"起家长的"罪状"："随着我长大，家长对我的控制反而变本加厉了。对我越来越不信任，零花钱从小时候的月给到周给，最后变成日给。其实他们就是想控制我，怕我贪玩、学坏；每天穿什么衣服、留什么发型，可以跟哪些同学玩，不能跟学习不好的同学玩，晚上9点前必须回家，等等，鸡毛蒜皮的事都要管，反正我说干啥都不行，都得听他们的。这几年我啥心思都没有，净跟家长软磨硬泡、消极抵抗了。"

心理咨询师："那你长大了准备干什么呢？"

陶力："不知道，爸爸妈妈想让我出国。"

心理咨询师："你自己怎么想呢？跟爸爸妈妈的想法一样吗？"

陶力："无所谓啦，反正从小到大都是他们说了算。"

心理咨询师："嗯，那你出国以后学什么呢？有方向吗？"

陶力："不知道，听他们的呗。"

心理咨询师："那你不学习，闲着干吗啊？"

陶力："没事，我上课就趴那睡觉，下课就走。"

心理咨询师："那你平时都跟谁玩啊？"

陶力："我都不搭理我们班的同学，有几个其他学校的同学，跟我差不多，但是我们平时见不着，周末了才能约着一起出去玩一会儿。我妈还老管着，不让我出去，好不容易同意了让我出去，刚出去一会儿就打电话催我回家，我就跟个囚犯一样，没有自由，反正我只要不学坏就行了，就这样混着吧。"

像陶力这样的孩子，百无聊赖地虚度着自己的光阴，失去了朝气和活力，充满了消极。他的人生已然失去了太多，就像被指挥着下棋，控制与反控制已经持续多年，他已经失去了下棋的能力。孩子的叛逆，于家长而言是种两难的局面：不放手，陶力永远长不大，不能自立；放手吧，多年操心控制已成习惯，又不能放心。

其实，陶力的家长也是爱孩子的，但是他们思想固执、保守、不懂变通，把十几岁的孩子仍当几岁的孩子一样爱着，这样的爱迟早会出问题。他们对孩子的自由活动有着诸多的限制，不准这不准那，让孩子犹如笼子中的小鸟，没有一点儿自由。这对孩子的身心健康造成了严重的危害。

家长强行支配、过度干涉孩子，让孩子失去自由的同时，即便没有走向歧途，也注定会成长为一个失去人生目标的人。那么，家长应该如何科学地管教孩子呢？

1. 学着放手

过度干涉孩子的行为，不仅会束缚孩子的求知欲，磨平孩子的好奇心和探索心，还会挫伤孩子的自信心，增强孩子的自卑心理，对孩子的智力发展和人格形成有着极其不利的影响。这样更容易激发叛逆期孩子的逆反心理，使其通过各种叛逆的言行来表现自己的成长。

对孩子的过度干涉会让孩子落后于时代。孩子终究要步入社会，而在他们真正踏入社会之前，多接触社会，才能有对外界诱惑的"抗体"。严管是有限度的，不等于干涉和窥探，因为过度干涉相当于束缚着孩子。放开对孩子的过度束缚，给孩子选择与决定的权利，并尽量让孩子体验丰富的生活，不必怕他受委屈或是应付不来，毕竟孩子的人生还得他自己亲身体验。

因此，家长"该放手时就放手"，要避免过度干涉孩子，多在情感、理解上下功夫。

2. 给孩子更多的爱和信任

常言道：爱之深，责之切。家长的良苦用心世人皆知，然而当这番"苦心"超过了孩子所能承受的范围时，孩子的心灵会遭受痛苦，会产生怨恨、叛逆，最终偏离家长给其设定的轨道。

因此，家长应了解叛逆期孩子的心理状态，对孩子的管教与督促要合理而适度，同时要给予孩子足够的信任，让孩子有被信任的感觉，努力与他们建立互相信任的关系，与他们交朋友，以诚相待，这是对孩子最基本的尊重。爱护和信任孩子，对孩子进行必要的引导，同时选择适合他们特点的教育方式进行正面教育，摒弃简单、压制和粗暴的教育方式。信任是打通家庭教育脉络的关键。家长越信任孩子，孩子就会越讲信用。管教不等于束缚，家长要以身作则，给孩子树立一个好榜样，指出一条光明的道路，放手让孩子自己去走，给孩子爱，尊重其想法及选择，不必过度的保护和干涉，才是正确的教育之道。

家长不妨试着蹲下来，把孩子当作独立的个体来理解、尊重，怀着适度的期望去看待他，遵从他的成长意愿，满足其心理需求，家长只要给他提供最基本的教育和生活保障就可以了。这样看待孩子时，就不会无视孩子的思想和意愿，使孩子能够主动地成长为一个健康快乐且自立的个体。

所以，家长要根据孩子的成长发展特点教育孩子，适时地调整自己的教育方法和教育理念。要给予孩子足够的空间，不要过多地干涉孩子，遇事多与孩子商量，倾听孩子的意见，通过积极引导，从而有效地疏导孩子的叛逆心理。

期望过高，会适得其反

哪个家长不希望孩子有一个美好的未来？家长的期望是一种有信心的等待，家长对孩子寄予期望，也是一种信任，有利于孩子增强自信心、进取心。家长合理的期望对孩子是一种积极的力量，它会促使孩子具有努力向上的精神面貌，是孩子进步的动力。

家长对孩子抱有期望，就会努力为孩子的成长创造条件，并不断地提供帮助。但很多家长却有意或无意地总是把孩子当作完成自己梦想的替身，总希望在孩子身上实现自己的理想和宏愿，期望自己的孩子能够学到更多的东西，能够在将来出人头地。这本身无可厚非。

当家长忙着为孩子编织梦想时，是否想过孩子自己有着怎样的梦想？孩子是否愿意接受你的梦想？

从小就在学习上颇具天赋的王某一直立志走出家乡，出人头地。可贫困的家境让他在拿到大学录取通知书之后，还是决定放弃读大学的机会，外出打工，否则弟弟妹妹就得辍学。为此，王某一直壮志未酬，认为命运对自己不公，如果当时能坚持读下去，相信现在已经有所成就了。

儿子出生后，王某将一切希望都寄托在儿子身上，不希望孩子走自己的路。为了让孩子好好读书，他把所有的精力和投资都放在了孩子的教育上，给孩子上最好的学校，选最好的兴趣培训班，家务从来不让孩子动手……所幸，孩子除了性格内向一点，在学习上没有辜负王某的期望，中考以最高分考取了市一中尖子班。

就这样，转眼到了高考，令王某想不到的是，自己当年的噩梦竟然再次重演：孩子接到某211大学的录取通知书后，竟然留下一封信，离家出走了。多年的心血竟成空。

由此可见，家长过高的期望，可能成为压在孩子心头的沉重包袱，反而可能会毁掉孩子。家长期望越高，包袱越重，会给孩子造成很大的心理压力，让孩子稚嫩的肩膀和心灵无力承受，进而崩溃、逃避或反抗。当过高的期望与孩子的实际能力产生矛盾时，孩子的逆反就产生了。

有的孩子会拼命去实现家长的期望，如不能使家长如愿，干脆放弃了。有的孩子本来凭能力可以做到，但是因为反感家长的态度，为了反对而反对，故意不依家长期待的方向去走，实在是可惜而又可叹。

对于孩子期望过高的家长，需要注意的是：

1. 修正对孩子的期望

家长应考虑孩子的具体情况，尊重孩子成长与成才的规律，引导孩子一步一步地走向成功。家长期望孩子成为优秀的人是很正常的，但不能对孩子苛求、期望过高，适度降低对孩子的期望与要求，才能让孩子快快乐乐地学习，自信乐观地成长。过高的期望会压垮孩子。

家长要以一颗平常心对待孩子，让孩子轻松地享受爱，健康快乐地成长。家长要站在孩子的角度，对孩子的期望不必过高，更不要因为孩子完成不了目标就对其加以责骂。

最好的期望是这样的，就像摘桃子，"跳一跳，够得到"，给孩子确立一个对他而言最适合的、通过努力能够达到的目标，这样才能真正起到提高孩子积极性的作用，才能促进孩子进步。不妨将孩子当作普通人来培养，让他一步步地往前走。这样，没有重压和期望，才可能在不经意间培养出一个天才。

2. 实事求是，因势利导

家长对孩子的期望应该实事求是，因势利导。对孩子的要求过高，会让孩子产生恐惧心理；要求过低、太容易达到，会让孩子盲目自大，失去学习的动力。因此，家长应该尊重事实和孩子的能力，科学地引导孩子，顺其自然，开发孩子的潜能，尽量避免给孩子增加压力。无休止地对孩子做出各种要求，不切实际地急于求成，结果会一事无成。不要硬逼孩子，能否成才并非家长一厢情愿的事情，揠苗助长只会事与愿违。不妨让孩子把目标分成几个步骤来做，每一步都要在孩子的能力范围之内，使他体会到成功的喜悦，一点点的小积累终将成就金灿灿的未来。

孩子最忌讳家长当着别人的面说自己不如别人，说自己不好。家长应该客观、现实地去评价。如果孩子能力不足，家长应该多想办法去帮助他提高自己。家长应当坚信自己的孩子是好孩子。如果你在孩子遇到困难时对他说："孩子，你一定能行！""孩子，上吧，有爸爸站在你身后呢！"孩子一定会充满信心，勇敢地努力向前。

家长对孩子的要求应是，只要努力了就行，而不应给孩子确定过高的名次要求，这样才能发现孩子的个性，解放孩子，打破束缚孩子的枷锁，使孩子幸福。

家长要对自己的孩子充满信心，充分相信孩子是最棒的。孩子有其心理和生理发展规律，一旦家长期望过高，就可能违反这一规律。当发现自己的孩子没有预期的那么优秀时，家长轻则感叹、埋怨孩子不争气，重则训斥孩子。这时，家长通常被情绪所控制，不会考虑孩子的感受。孩子没有达到家长的要求，内心也是充满愧疚的，再看到家长失望的表情，心理负担就更重了。

这个世界上，每一个生命都应该得到尊重，不应该强制干预生命的成长。家长不应将孩子当作自己的附属品，对他的人生指手画脚。

简单粗暴，会把孩子逼向对立面

一些脾气暴躁的家长在恨铁不成钢的情绪下，使用简单粗暴的方法，试图"驯服"孩子，结果非但没有达到教育的目的，反而使孩子形成说谎、冷漠、具有攻击性等问题。

只知道用简单粗暴的教育方法教育孩子是家长无能的表现。简单粗暴、责骂体罚的教育方法容易造成孩子心理的扭曲。这种养育方式实际上是对孩子独立人格的侵害，损害孩子的身心成长，导致孩子对家长产生怨恨。

著名家庭教育专家尹建莉说："打骂是家长们最常用且运用得最得心应手的一种方式，可是它也是最无效、最具有破坏性的一种。"

高铁上，几个出差的人聊天，在谈到孩子爱犯错误时，他们得出一个结论：孩子出错时，不要给他讲道理，必须先揍一顿，让他牢牢记住，以后就不会犯错了。在现代化教育思想日趋普及的今天，居然还有人用这样简单粗暴的方法来教育孩子。

可能有些家长也有类似的问题，教育孩子时，缺少足够的耐心和技巧，动辄对孩子拳脚相加。这种毫不顾及孩子感受、缺少温情的教育方式对孩子贻害无穷。

采用简单粗暴的教育方法，孩子挨打时往往心中不服，只会怪家长不爱自己，很少会从自己身上找原因。这样，教育的目的不但没有达到，还伤害了家长和孩子的感情。在粗暴教育下长大的孩子往往也会养成粗暴、蛮不讲理的性格。当孩子心中不服气的时候，容易萌发"等我长大了再算账"的念头，慢慢地造成了孩子仇视家长、和家长对立的不良局面。

在"责骂体罚型"教育方式下长大的孩子，最容易形成反社会人格或退缩型人格。孩子从小就不知道什么是自尊，也不知道做人要讲道理。外向型的孩子会产生严重的逆反对抗心理，形成倔强任性、冲动易怒、偏激、脾气暴躁的性格。严重的会形成反社会人格障碍，不信任或敌视他人，为人处世简单粗暴，形成严重的人际关系障碍。内向型的孩子会形成自卑、胆怯、退缩、畏首畏尾的神经质性格，形成难以接触社会的回避型心理障碍。

1. 教育孩子要春风化雨

许多时候，简单、粗暴地对待孩子，给予孩子训斥、指责和惩罚，并非家长的本意，问题的根源是不了解孩子，不懂教育，是自己内在的知识和智慧的贫瘠。如果家长善于学习，有开阔的视野，有独特的思考，能给予孩子更多的民主、自由和尊重，在教育孩子时才不会如此简单、粗暴。家长对教育懂得越丰富、越深刻，对孩子了解得越多，才会教育得越好！

家长应该尝试用鼓励、赏识的态度去对待孩子，给孩子爱的教育。平时要尝试着与孩子多沟通，多了解他们的内心世界。家长要试着以亲切、善意的方式对待犯错的孩子，用谈心、关怀的方法帮助孩子认识到问题的实质，以理服人，以情感人，以爱动人，用科学的教育方法使其健康成长。

教育孩子要春风化雨，多施加正面影响，多给孩子心灵留下正面印痕。当孩子犯错时，用粗暴的方式进行教育虽然让孩子对错误的印象更深刻，但却会给孩子的心灵留下很多隐患。而亲情的温暖永远比拳脚棍棒更有力。

2. 惩罚要有方式方法

家庭教育并非拒绝惩罚。家长多发现孩子的优点，不是对孩子的缺点熟视无睹。合理的惩罚教育能够让孩子得到很多的益处，更好地促进孩子的成长。只有赏罚分明，孩子才能树立正确的价值观和是非观。但惩罚也要讲究方式方法，使其作用发挥到最大化。

惩罚孩子的目的是帮助他们改正错误，但不能伤害孩子的人格，要尊重孩子，保护好孩子的自尊心。例如，不当众惩罚孩子，不用恶毒的语言指责、谩骂孩子。此外，惩罚的过程中也要加入肯定的元素。例如，孩子和别人打架了，可以这样教育孩子："开始时你是对的，因为你做到了礼貌待人，但后来你还是参与了这场冲突，而不是找家长或老师帮助就是你不对了。"

3. 学会和孩子商量

其实，孩子就像是一棵小树，你只要把他扶正了，剩下的就交给时间吧，要相信他会茁壮成长的。

教育要拒绝简单、粗暴，家长应学会遇事和孩子商量。这是家长都应该具有的一种爱的能力。这样，孩子会获得良好的情感体验。例如，在你和孩子就要发生言语争吵的时候，你不要试图提高嗓门压制住孩子，这时不妨试着示弱一下，降低你和孩子说话的语调，用商量的语气和孩子说话。但不是简单地对孩子迁就，而是和孩子交流，找到与孩子彼此和谐的途径，给每个问题都打上"民主和尊重"的烙印。

天鹅效应：爱孩子要适度

山脚下有一个美丽的湖，当地人叫它天鹅湖。天鹅湖中有一个小岛，岛上住着一位老渔翁和他的妻子。平时，渔翁摇船捕鱼，妻子则在岛上养鸡喂鸭。除了买些油盐，他们很少与外界往来。

有一年秋天，一群天鹅来到岛上。它们是从遥远的北方飞来，准备去南方过冬的。老夫妇见到这群来客，非常高兴，因为他们在这儿住了那么多年，从来也没有谁来拜访过他们。

渔翁夫妇为了表达他们的喜悦，拿出喂养鸡鸭的饲料和打来的小鱼招待这群天鹅。久而久之，这群天鹅就跟这对夫妇熟悉起来。在岛上，它们不仅大摇大摆地走来走去，而且在老渔翁捕鱼时，它们还随船而行，嬉戏左右。

冬天来了，这群天鹅竟然没有继续南飞，它们白天在湖上觅食，晚上在小岛栖息。湖面封冻，它们无法获得食物，老夫妇就敞开他们茅屋的门，直至湖面彻底解冻。

日复一日，年复一年。这对老夫妇就这样奉献着他们的爱心。

有一年，这对老夫妇因为年老体衰，离开了小岛，这群天鹅也消失了。不过它们不是飞向了南方，而是在第二年湖面封冻的时候饿死了。

故事中渔翁夫妇对天鹅的爱，是无私而又真挚的，毕竟这些漂亮可爱的小生灵给孤寂的他们带来了慰藉与欢乐，帮助他们排遣了心灵的寂寞。可是渔翁夫妇无论如何也没有考虑到，习惯了他们爱护的天鹅一旦失去了他们的照顾，结局将十分悲惨。在这个世界上，人人都赞美无私的爱，可是，有时爱也是一种伤害，并且是致命的。因此，我们把家长对孩子无私的溺爱而导致孩子无能称为"天鹅效应"。

中国民间有句古话叫"惯子如杀子"，其中的含义谁都明白。爱孩子是每个家长的天性，但凡事要掌握一个度，对孩子宠爱过度，任其肆意妄为也不加制止，就不是爱孩子，而是在害孩子。

随着当今时代人们生活水平的不断提高，独生子女越来越多，家长生怕子女受委屈，孩子说什么便是什么，无论孩子提出什么样的要求，家长都会顺从。一家人都围着孩子转。在这样的家庭环境里，孩子往往缺乏独立性，不懂得谦让，容易以自我为中心。

家长对孩子的爱太多、太厚重，会削弱孩子战胜苦难的能力，就像小孩子吃多了糖会长蛀牙，鸟儿的翅膀挂上了金子会飞不上蓝天。

孩子的成长路上也会碰到种种不可预知的困难和挫折，家长这时候伸出援助之手，是阻碍了孩子锻炼的机会。毕竟每个人的人生都不会一帆风顺，充满了考验和磨砺，而璞玉只有经过雕琢才能异彩纷呈，梅花只有经过霜雪的打击才能芳香扑鼻，孩子只有经历了磨难才能更成熟。

爱孩子不是要什么事都帮孩子安排好，爱孩子要适度。家长大包大揽，看似是爱孩子，其实是在害孩子。"授人以鱼，不如授人以渔"，家长要教会孩子生活的技能，让孩子学会自立，成为独立的人。

第三章

要改变孩子，先改变家长

　　孩子在成长过程中，多少会有一些叛逆。家长错误的教育方式，会放大并加

剧孩子的叛逆。如果你面对孩子日益加剧的叛逆束手无策，不妨先从自己身上找

找原因。想要改变孩子，家长先从改变自己开始。

家长不孝，孩子也会忤逆长辈

百善孝为先。孝顺长辈是中华民族的传统美德，家庭教育以孝为首，青少年如果不懂孝敬长辈，何谈善待他人？要想培养青少年的孝道，家长首先就要注意自己给孩子的示范作用，做孝顺长辈的模范。如果家长孝顺、尊敬长辈，孩子自然会跟着学。

榜样的力量是无穷的。好榜样是如此，坏榜样也是如此。有则寓言：一个孩子见家长没有善待自己的爷爷，自己弄了块木头雕琢，父亲问他干什么，孩子回答："爷爷不小心摔坏了碗，你就对他大吼大叫，你和妈妈也别用好的瓷碗了，我雕两只木碗，以后给你们用，省得摔坏碗。"其实，孝敬长辈，不一定要山珍海味，一根香蕉、一碗米粥也见孝心。家长如果不讲孝悌，行为不端，也可能会导致孩子的叛逆。所以必须提倡爱的延续、孝的传承。

直到今天，李石头仍然恨着自己的父亲，一次，妈妈跟爸爸提出带李石头去看望70多岁的生病的姥姥，爸爸却说："有什么看的，你妈好着呢。"姥姥去世时，下葬的那天，爸爸又推脱说工作太忙，没有去参加葬礼。每次爸爸外出应酬回来，常会对爷爷大吼大叫。奶奶劝他每天早点回家，别天天喝得醉醺醺的，他会红着眼顶撞奶奶。石头10岁时，爷爷去世了，一年后，奶奶也去世了。

石头小升初那年，爸爸妈妈终于离婚了。12岁的石头养成了倔强暴躁、叛逆的性格。有时生起气来，对爸爸都照样又打又抓。在石头的心里，也从未想过如何孝敬长辈。在石头眼里，家就像地狱一样。他痛恨爸爸。

从家长不孝顺老人到李石头的不孝，真是令人悲哀。其根本原因在于家长没有做好表率。有的家长对孩子溺爱，可以花上千块钱给孩子买礼物，却舍不得在自己的长辈身上花一点钱；孩子过生日时铺张浪费，对老人的生日却不问不管；对孩子千依百顺、处处呵护，对老人却不依不饶、冷嘲热讽。这样的家长又怎能教育好自己的孩子？

家长不孝顺老人，还能指望孩子将来孝顺你吗？总有一天，家长也会得到孩子忤逆的回报。而且，在这种环境中成长的孩子也会形成扭曲的人生观，长大后难以在社会上立足。

孩子的成长是上行下效的过程，家长尽到孝道，孩子自然就会学着做。因此，身为家长，一定要谨守孝道，以身作则，孝顺自己的长辈。

1. 家长要做孝敬长辈的楷模

孟子说："不得乎亲，不可以为人；不顺乎亲，不可以为子。"孝是做人之根，百善之本。家长在孩子心中树立孝顺的形象，也就是为孩子播下了善良的种子，更为自己播下了年老时幸福的种子。

孩子是否会孝敬长辈，直接受到家长对待长辈态度的影响。有些家长不仅对老人不好，还千方百计"刮"老人的财物，这给孩子带来负面的影响。懂孝道的家长时刻不忘赡养年迈的老人，如果平时工作较忙不能和老人朝夕相处，也要挤出时间常回家看看。孔子就注重"父母在，不远游"，以免长辈需要他照顾时无人照应。家长以身作则，孩子耳濡目染、潜移默化，也会逐渐养成孝顺长辈的好习惯。

2. 从细节处培养孩子的孝道

培养孩子的孝道要从一般要求做起：听从长辈教导，关心长辈健康，分担长辈忧虑，参与家务劳动。把这些要求付诸行动，从孩子小时候抓起，从小事抓起。如要求孩子每天要问候长辈；当长辈劳累时，孩子应主动帮助；长辈生病时，孩子应主动照顾，多说宽慰话等。

家长要让孩子发自内心地对父母感激和敬重，而不是把孝敬视为强迫性的付出，甚或是一种额外的负担。

转变消极心态，别把叛逆当成背叛

叛逆期的孩子自我意识高涨，而知识、经验和能力却相对缺乏，这时候的他们既想摆脱来自家长的束缚，又离不开家长的指导。但叛逆的矛盾心理，却常常被家长视为孩子对家庭和家长的"背叛"。

黄女士的儿子刘洋，总是喜欢和她对着干。当黄女士要求他往东时，他铁定会往西。每天早晨不喊个三五遍，他是不会起床的；而到了晚上，则恰好相反，不催促个三五遍，他是不会上床睡觉的。周末，无论黄女士怎么催促，刘洋总是将作业拖到周日晚上才做。

这一天，他们之间又出现矛盾了。"刘洋！看看你做的好事！我说了一百遍，你怎么就是不听呢？"黄女士扯着嗓子喊道。

"我又怎么了？"刘洋在床上睡眼惺忪地问。

"你又开着电脑睡觉，电费不是钱吗？"黄女士一肚子的不满。

"我忘了而已，至于大早上朝我大吼大叫的吗？"刘洋也很不满。

"你是忘了一次两次吗？一个星期能忘三四次，我真是受够了，我看你心里就没有这个家，就把这里当成旅馆了，把我当成酒店保洁员了。亏得我含辛茹苦地一个人把你拉扯大，你这么浪费我辛辛苦苦赚的钱，是故意的吧？真是太伤我的心了！"说着说着，她的眼泪就流了出来。

"别说得好像我是白眼狼一样，你天天胡思乱想什么呢？"刘洋不得不起身去安慰眼看就要哭成泪人的妈妈。

刘洋当然不是故意要和妈妈作对，更不是要背叛妈妈，本来只是一个不良习惯，却被黄女士无限放大，上升成了关乎人性和家庭的原则性问题，这的确有点小题大做。但是像黄女士这样的家长在现实中也是不少的。他们的神经非常脆弱，以至于非常消极，凡事都不由自主地往坏的方面想，尤其是对待孩子的问题——在他们眼中，孩子的一点点小过失，都是牵一发而动全身的大错误；在他们眼中，孩子养成的坏习惯，都是能够影响半辈子的大错误；孩子高声顶嘴几句，就是对长辈的大不敬，是逆子的前兆。这些家长的心灵既敏感又脆弱，小题大做的行为更是加剧了孩子的叛逆行为，于是亲子间的矛盾只会愈演愈烈。

1. 叛逆并不是"背叛"的同义词

其实叛逆期本身就是孩子生理和心理的转折阶段，这期间的叛逆思想和行为是非常正常的，而且需要注意的是：叛逆并不是"背叛"的同义词。

孩子与家长意见相左，并不一定是要完全抹杀家长的意见；孩子对家长有所隐瞒，并不一定就是完全无视家长的存在；孩子一怒之下离家出走，并不一定就是要与家庭决裂。

2. 不妨对孩子"认怂"

进入叛逆期的孩子，难免会和家长产生矛盾。"你凭什么让我这么做，我又不是你的下属，更不是你的奴隶。"这时家长千万要忍住自己的脾气，千万别和叛逆期的孩子较劲，不妨用阿Q精神来"安慰"一下自己。家长若是"爆发"，只会使自己和孩子的沟通更困难，孩子有时看起来"忤逆"的表现并非要激怒家长，只是他有自己的情绪，孩子的反抗表现出来的是积极的自我肯定，是自我的思辨。家长想要的毕竟不是孩子的一味地顺从和逆来顺受。因此，不要责怪孩子的"忤逆"，虽然孩子让你"不爽"了，但孩子这么做，何错之有呢？

叛逆期的孩子对家长表现出的不尊重，其实只是源于孩子不满足于现状，不满足于现有的权利，并非对家长的个人攻击。明白了这一点，想想孩子的成长，家长"认怂"有什么丢脸的呢？

不过，这里的"认怂"并非放纵孩子，并非家长的不作为，而是基于对孩子的爱，基于尊重孩子的情绪表达。但要让孩子知道，即使孩子表达了某种情绪，如果是不合理的诉求，同样是不能得到满足的，家长不会因为孩子的无理取闹而屈服。

3. 顺应孩子的心理发育，因材施教

鉴于叛逆期孩子日益增强的独立意识，普遍存在的易冲动、性格敏感、自尊心强等特点，家长应该意识到在孩子进入叛逆期开始尝试独立和自立之时，应顺应孩子的心理成长规律，尊重现实，注意因材施教、因时而教，用积极乐观的心态、尊重的态度对其进行健康的引导。使用平等的语气来与孩子沟通，而不是一味地命令和要求，否则咄咄逼人的态势很容易把孩子逼上"梁山"。家长若是使用自上而下的命令方式，孩子很可能会用更激烈的行为进行抵抗，也就会给家长以目无尊长的感受，强化那份"白养了你"的怨怼心理。家长只有摆正了心态、选对了交流方法，才能使叛逆的孩子平静下来，让叛逆不至于向背叛转化。

离异家长更应自始至终关爱孩子

"离异"这个词在现代社会生活中的出现频率越来越高。离婚本无可

厚非。然而，离异的夫妻双方在摆脱桎梏、寻找自己新的幸福的同时，却伤害了孩子。离异对孩子最大的伤害，主要体现在心理上。无论家长是理智地分手，还是在"战争"中走向离异，他们都很少真正地了解孩子的想法，忽视了孩子的意愿。这种做法往往是使好孩子逐渐走向叛逆的诱因。

家长离异对孩子的影响，从下面的数据就可见一斑：据对某叛逆特训学校的统计，超过50%的在校生源来自家长离异的单亲家庭。这些"问题孩子"虽然各不相同，但有一个共同特点——亲情冷漠！那是家长离异产生的后遗症。

在单亲家庭中，极端性格产生的概率远远高于平常家庭。其实，每一个问题孩子的背后，往往都是失败的婚姻、家庭。在许多需要心理干预的孩子中，有的来自离异的家庭，还有一些则是因为家长虽然没有离异，但也存在冷暴力、家暴、分居、父亲或母亲离世、家庭不和谐等问题，这些情况严重影响孩子的身心健康。

1. 离异会加剧孩子的焦虑

离异家庭的孩子往往会呈现出两种非常极端的状况，要么很叛逆，要么特别听话。他们的强烈情绪源自无法理解家长的分开。每个孩子都不愿意接受家长分开的状况，他们潜意识当中会认为是自己的错。所以，离异家庭的孩子内在都有焦虑，有些孩子能表达自己的焦虑，可能早早通过反叛、情绪暴躁表现出来；但一些"好孩子"把自己伪装起来，深深地压抑自己的焦虑，以减轻内心的内疚感。这一类孩子最让人担心。

尤其是经历了较大情感挫折的离异方，很容易将孩子当作情感的寄托，以填补离异后配偶的空缺。这样，孩子在家庭生活中就成为一种替代，比如，男孩在与单亲妈妈的关系中会无形中扮演爸爸的角色，女孩在与单亲爸爸的关系中会无形中扮演妈妈的角色，这些心理进一步加剧孩子的内在焦虑。

2. 离异后要及时对孩子进行心理干预

离异的家长应该反思，既然避免不了家庭破碎给孩子带来的伤害，那么应将伤害降至最低。一桩婚姻的结束，并不能终止家长与孩子之间的关系和家长的责任，家长不能抱着愧疚的心理对孩子百般溺爱，也不能不闻不问。

夫妻在离婚后，应该在第一时间对孩子进行心理干预，如：让孩子适应没有一方家长的生活、适应居住环境的改变、理解家长。不能把孩子当成家长情感的牺牲品，把婚姻的痛苦转嫁到儿女身上，而是要比离异之前做得更好。

3. 帮助孩子走出心理的阴霾

家庭的破裂，给叛逆期孩子的心灵蒙上了一层厚厚的阴霾。这些孩子多数沉默寡言、情绪低落、自由散漫、进取心差、性格孤僻、害怕与人交往，很容易转向社会寻求慰藉，陷入歧途。因此，家长在离异的问题上，要考虑清楚，不要轻言放弃。

离异的夫妻不要因为孩子心灵上受到创伤就百般溺爱，或将所有希望都寄托在孩子身上，让孩子不堪重负。即使离异了，也要给孩子爱和温暖，告诉孩子，自己对他的爱还是一如既往。家长要引导孩子勇敢面对今后的生活，学会坚强。同时，要给孩子独立的成长空间，保持各自的独立性。给予关爱的同时不要凡事都代劳，适当地给孩子独自做选择和决定的机会，让他能够在一个独立自由的环境中成长。切忌向孩子的心中播撒仇恨的种子，指责孩子的父亲或母亲，给孩子戴上"有色眼镜"。

忙不是忽略孩子的理由

当前，由于生活节奏快、工作压力大，有些父母压根没有时间关注自己的孩子。他们一心为了事业、为了赚钱，一大早就匆匆赶去上班，很晚了才拖着疲倦的身躯回家，还要忙着做饭、做家务，吃过饭后立刻催促孩子回房间写作业，不知不觉中忽略了孩子的情感需要。

长此以往，在父母的忽视与冷淡中成长的孩子很可能会产生各种心理问题，比如孤独、自闭、不善交际。有心理学家研究表明，缺少父母关注的孩子多数不能很好地与人相处，他们怕冒险、怕探索、怕接触陌生人。

生于20世纪六七十年代的人都会怀念过去大家庭的时代。那时，一家人吃过晚饭便在院子里乘凉、聊天，热闹非凡。到了春节，大家欢聚一堂，晚辈向长辈拜年，长辈分发压岁钱，全家其乐融融。然而，今天的情况大不一样了，家长忙于自己的事情，孩子有着自己的乐趣，亲子关系慢慢变得淡薄。这一方面是文化及社会变迁的缘故，另一方面也与家长与孩子相处过程中缺乏民主态度有关。为人父母不忘记在各方面给予孩子最好的，却唯独忘记要与孩子同乐。

　　有位妈妈，一次下班，天色已经很晚了。当她回到家里时，看到5岁的女儿正站在小区门口等她。此时的她因为繁重的工作而感到身心疲惫，心情也坏到了极点，因此，她只是面无表情地带着女儿回到家……

　　"妈妈，"女儿叫道，"你能答应我一件事情吗?"

　　"什么事情?"

　　"我能到你单位去吗?"

　　"你瞎说什么，我在工作，又不是玩。"妈妈非常生气地说。

　　女儿看到妈妈不耐烦的样子只好默默回到房间里。

　　过了一会儿，妈妈意识到自己不应该对孩子这么凶。

　　于是，妈妈来到女儿的房间，"你为什么想到妈妈单位去?"

　　"我老看不到妈妈，我想妈妈，到了妈妈单位就能看到妈妈了。"女儿小心翼翼地说。

　　女儿的话击中了妈妈的软肋，她意识到最近一段时间对女儿的关心实在是太少了。自此以后，她每天下班后都立刻赶回家陪伴孩子，而且注重与孩子心灵上的交流，女儿也从原来的沉默寡言变得活泼、开朗起来。看到女儿健康快乐地成长，妈妈终于知道了陪伴对女儿的成长有多重要。

的确，孩子的健康成长需要父母的陪伴。忙不是忽视孩子存在的理由，称职的父母总会抽时间陪孩子。陪伴孩子，绝不是枯燥无味的，恰恰相反，你会获得无比的幸福和满足感，这种乐趣是任何东西都无法取代的。更重要的是，在玩与学习的过程中，父母孩子都会有意想不到的收获。

　　曾以高分考进了清华大学的女孩南南是在什么样的家庭环境里成长的呢？她的妈妈彭嘉陵为此专门写了一本书，在书中她透露了自己的家教秘籍：周围许多同事、朋友的孩子都学得太累，每晚作业做到深夜，周末被各种补习班、兴趣班侵占，孩子小小年纪比大人的压力还大。我的女儿就非常轻松，她从小就经常在我们的带领下到户外玩耍，而且每次都玩得很尽兴。同时，不管工作再忙再累，我们都一定抽出时间和孩子一起学习，当孩子在学习中遇到困难时，我们一定要帮他，也一定能帮她。这比请家教效果好十倍。一些家长认为自己文化程度低而孩子学习的内容又太深奥，根本帮不了孩子，其实，家长只要陪着孩子一起学就行了，并不是要家长讲解。即使自己不懂，也可以读一读要领、例题，引导孩子思考。

亲子之间造成隔阂还有另一个原因，就是孩子和父母之间缺乏共同的兴趣爱好，从而造成孩子不愿进入成人的世界、成人也无法走进孩子的内心世界。现在，大多数家庭的孩子都不愿意和父母一起玩，如果家庭时常出现争吵的气氛，家人更不可能同乐。但如果父母和子女能够玩在一起，便能减少彼此间的敌意而产生和谐的气氛。

不管多忙多累，父母都不要忽视孩子的存在，在与孩子交流、玩耍的过程中，既可以缓解自己的工作压力，又可以增进亲子关系。

1. 多和孩子进行交流

父母再忙也要挤时间出来陪孩子。每天下班到家，跟孩子聊聊家常，问问孩子在学校的情况，如："今天在幼儿园交到好朋友了吗?""学校发生什么印象深刻的事情了吗?"等。吃饭的时候，可以说一些轻松的话题，让一家人以愉快的心情进餐。

2. 每天给孩子一个好心情

坚持早晨和孩子一起吃早饭，送孩子出门上学，说几句鼓励的话，这样会让孩子一天都心情愉快。下班回家也不要急着做别的事情，先和孩子互动，聊一会儿天。一天下来，孩子总会有话对父母说，这时候，做一个认真的听众是非常有必要的。接着，可以与孩子约定，他做作业，父母做家务。这样的安排既有助于增进亲子关系，又能让孩子感受到家庭的温暖和支持。

3. 利用节假日带孩子外出游玩

外出游玩，不仅可以让孩子见多识广，还能锻炼孩子其他方面的能力，如与陌生人交往、对行程做计划安排等。游玩的过程中，也能增进父母与孩子之间的亲密关系。

南风效应：春风化雨的教育方式

南风效应也叫作温暖法则，它是由法国作家拉·封丹的一则寓言引申出来的。

北风在和南风比赛谁更厉害，能让行人把身上的大衣脱下来。北风一来就寒风凛冽，冰冷刺骨，结果行人为了抵抗北风的侵袭，把身上的大衣裹得更紧了。南风则徐徐吹动，和风丽日，行人觉得身上暖和，便解开纽扣，脱掉大衣。最终的结果是：南风获得了胜利。

寓言中，南风之所以获得胜利，是因为它顺应了人们的需要。南风效应告诉我们：温暖胜于严寒。家长要尊重和关心孩子，给孩子以支持和鼓励，让家庭中多点温馨，少用命令式的口气和孩子说话，慎用语言暴力。孩子的心灵是比较脆弱的，他们希望得到家长的支持和理解，家长一个鼓励的眼神、一句鼓励的话，都会让孩子信心倍增。

陶行知先生在一所小学担任校长的时候，有一天看到一个男生在用泥块砸其他的同学，于是立即上前制止了他，并且要求他放学之后到校长办公室去。

放学之后，这个男生已经做好了被责罚的准备，并想好了种种为自己开脱的理由等在校长室。然而，陶行知先生并没有像他所认为的那样责罚他，而是先掏出一块糖果给他，说："这块糖果是奖给你的，因为你按时来了，但是我迟到了。"

　　男生惊异地接过糖果。陶行知随后又掏出一块糖果放在他的手上，说："这块糖果也是奖给你的，因为在我制止你打人的时候，你立刻就停手了，这说明你很尊重我。"

　　男孩更惊异了，不明白校长葫芦里卖的什么药。陶行知接着又掏出第三块糖果放在这个男孩的手中，说："我去做了调查，你之所以用泥块砸那些男生，是因为他们欺负女生，你是打抱不平，这也证明你是个正直友善的孩子，有跟坏人做斗争的勇气。"

　　男孩感动极了，泪流满面，说："校长，我错了，我砸的不是坏人，是自己的同学，我以后再也不会这么做了，你罚我吧。"陶行知满意地笑了："你能认识到自己的错误，是个好孩子，我再奖给你一块糖果，可惜我只有这一块了，我的糖果没有了，我们的谈话也该结束了。"

　　怀揣着糖果的男孩离开了校长办公室，此刻他的心情不难想象。

陶行知对这位犯错误的学生，没有疾风暴雨的训斥，而是用和风细雨的态度引导学生认识到自己的错误，为学生营造了一个愉快的心境，并通过耐心的说服教育，以南风式的教育手法，关爱孩子，帮助孩子找到解决问题的方法，既避免了和孩子的正面冲突，又使孩子心悦诚服。

1. 做孩子的朋友

如果家长能放下做家长的架子，和孩子做朋友，那么对孩子的教育就会轻松许多。通常比较受孩子欢迎的家长，都是风趣幽默，没有家长架子的。做孩子的朋友，就应该和孩子打成一片，甚至和他"胡说八道"。你可以把你的心里话告诉孩子，和孩子交换秘密。同时，你也可以引导孩子做一个好的聆听者。

把孩子当朋友，和他谈心，你可以告诉孩子自己每天经历的事情，也可以问问孩子，他一天经历了哪些事情。如果他今天犯了错误，也不要大声斥责，多听少讲，当孩子认为和你聊天没有被惩罚的威胁的时候，他才会无所不谈。

2. 巧用爱抚效应

心理学研究证明：爱抚产生的感觉，可以使人的神经系统中的化学物质发生变化，从而缓解紧张，改善情绪，增加自信，甚至还可以提高人的免疫功能。

特别是当孩子在外面受委屈的时候，不妨把孩子揽在怀里，给他心灵上的安慰。在孩子遇到挫折的时候，拉着孩子的手，注视着他的眼睛，对他说："不管发生什么事情，你在爸爸妈妈的心中，都是最重要的，爸爸妈妈永远支持你、爱你。"这些细微的举止，会在孩子的脑海中泛起爱的波涛，不但能够减轻孩子的压力，让孩子有更大的勇气面对未来，还能让亲子关系变得更加亲密，对孩子的教育取得更好的效果。而经常受到家长爱抚的孩子也会更有自信心，更加乐观坚强。

每个孩子都渴望得到家长的爱抚，身体接触就像大声地喊着"我爱你"，给予孩子的不仅仅是家长发自内心的爱，还有对孩子心灵的呼唤。

家长给孩子的拥抱会传达给孩子一种力量和信念，给孩子一种心理上的满足感，家长通过这种方式把爱传达到孩子的心中，让孩子的内心充满阳光和爱，孩子就会愿意和家长沟通，并且愿意改掉自己身上的一些不良习惯，努力上进，争取做一个好孩子。

3. 站在孩子的角度看问题

你是不是曾经责备过孩子吃饭的时候打碎了碗，但是你想过没有，孩子的手还那么小，根本抓不住那么大的碗。你是不是告诉过孩子，吃饭的时候不要总是把筷子掉在地上，但是你想过没有，孩子的手还那么小，有时候还不能握住筷子。

我们老是觉得孩子不听家长的话，不好管，认为所有的过错都是孩子的，其实，这对孩子并不公平。不要老是说孩子不懂事、不乖巧、不听话，那是因为家长还没有了解孩子的心思，没有从孩子的角度看世界。

所以，当你高高兴兴拿着为孩子买的新衣服给孩子时，孩子不喜欢，你不应该责备他，而应向孩子道歉，你在给他买衣服的时候，问过他的意见了吗？你知道他喜欢穿什么颜色的衣服吗？

第四章

家长这样说，孩子才会听

　　叛逆期孩子的思想和情感都更成熟，他们渴望家长与自己是平等的。家长不

能再像对待小孩子那样对待叛逆期的孩子，而要更注重与孩子交流沟通的方式，

这样才能达到更好的沟通和教育效果。家长要注意与叛逆期孩子进行平等的沟通，

更多地通过心灵上的交流沟通，与孩子建立平等、良好的亲子关系，做孩子的知

心朋友。

对叛逆期的孩子不妨正话反说

现在管教孩子是个大难题,有些家长尤其对于叛逆期的孩子的管教深感头疼。为了激励孩子认真执行各项行为准则,当孩子表现出不合作或犯错时,家长需要采取说服教育的方式。而正话反说不失为一个好用的方法。

正话反说是一种高明的说话技巧。本来准备反驳对方的观点,却先在表面上进行肯定,巧妙地将否定的内容融入其中,使人明白说话人的本意,从而心悦诚服地接受。

有这样两个案例:

一位母亲发现她上中学的儿子学会了吸烟,很气愤,马上冲过去打掉儿子手中的烟,然后狠狠地踩了几脚。接着,她指着儿子的鼻子说:"你这个月的零花钱被扣除了。"

面对母亲突然的发怒,儿子很害怕,但他非但没有产生戒烟念头,还产生一种逆反心理:你越是不让我抽烟,我就越是要抽。于是,这个孩子对母亲越来越冷淡,中考结束的那一天,他告诉母亲:"我不念高中了,我要学美容美发,要3000块钱学费,每天再给我10块钱买烟,要是不给我就自己想办法。"这位母亲惊得说不出话来。

同样是发现儿子吸烟,另一位母亲是这样教育儿子的:

这位母亲把儿子叫到跟前,问儿子:"你学会抽烟了,是吗?"

孩子战战兢兢地回答了个"是"字。

"你知道吸烟的四大'好处'吗?"听母亲这么一说，男孩很是吃惊，他很迷茫地摇摇头。

这位母亲微笑着，继续说:"吸烟的四大'好处'为：其一，防盗。因为吸烟会引起深夜咳嗽，小偷听到声音就不会上门行窃。其二，节省衣料。长期吸烟的人总是咳嗽，后背就会变驼，这样衣服就可以做短一些，节省布料。其三，可以演包公。从小就开始吸烟，长大后脸色是黄中带黑，演包公惟妙惟肖，用不着化妆了。其四，永远不会老。吸烟的历史越长，人的寿命就越短，用不着变老，人也就死了。"

听母亲讲着吸烟的"好处"，孩子领会了母亲的意思。孩子很后悔地说:"我以后再也不抽烟了。"

同样是教育孩子不要抽烟，这两位母亲采用了两种完全不同的教育方式。第一位母亲"金刚怒目"式的批评，更容易引起孩子的逆反心理，反倒达不到禁烟的目的。家长越是禁止，孩子也就越易产生更加强烈的欲望。

第二位母亲并没有直接批评孩子，而是借助了正话反说，明明是抽烟的害处，却给孩子讲是抽烟的四大"好处"。这样，孩子的好奇心被激发了出来，认真听取了下面的内容。当孩子真正了解了吸烟的"好处"之后，不用家长批评和惩罚，孩子也会主动放弃吸烟的行为。

在特定情况下，人们需要打破平常的说话方式反其道而行之，正话反说，不仅有很好的表达效果，还有更强的说服力。很多时候，正话反说能更容易达到自己的目的。

1. 把握情绪，留出空间

面对孩子的叛逆，家长最明智的做法就是把控情绪，给孩子的叛逆留出一定的空间，还孩子一个健康的叛逆期。

首先，要尊重叛逆期孩子追求自我意志的需要，理解正处于自我意识高涨却又能力不足的矛盾中的孩子。

其次，要争取主动，留出孩子发展自我意识的空间。当孩子知道家长支持自己的理想和追求时，他会觉得家长是开明的，从而更乐于考虑家长的意见，听从家长的管教。

再次，给孩子设定一定的规则和界线。例如，不可打架斗殴、吸烟，允许孩子在此规则里自由行事，这样，既能给予孩子成长的必要空间，又可防止孩子"犯规"。

家长最好在孩子进入叛逆期之前就做好情绪管理的准备工作。例如，当孩子做错事或是遭遇失利，如孩子中考备考不足导致考试失利时，可以克制自己责备孩子的冲动，把"早干吗去了，整天就知道玩"改成"如果当初你能更好地利用时间，考试成绩就能更好了"。这种正话反说，把批评转化成积极建议，对减少与孩子的冲突、获取孩子的配合往往能收到很好的效果。

2. 别忽视了正话反说的目的

实践证明，如果家长把握好正话反说的度，即会发现这个方法的奇妙之处。

使用正话反说式的批评法，目的是使孩子改正错误，因此，家长不能为了寻找孩子的闪光点，而忽略了对孩子进行教育的目的。也就是说，正话反说的目的是批评，所以批评在这一过程中是不能忽略的，更不能将批评变成表扬。家长可以寓批评于表扬之中或者先表扬再批评，来达到教育孩子的目的。

3. 需要注意的事项

在使用正话反说方法的时候，要注意说反话对孩子的负面影响。尽量注意正话反说时的用词，多对孩子进行正向引导。同时要注意孩子对反话的承受力。正话反说有时候会取得一定的效果，可是也要把握好度。

教育叛逆期的孩子，就像在开车，要随时注意路面信息。正话反说的方式比较适合天性好强的孩子。说反话时，要密切注意孩子的反应，如果孩子反应过于激烈，家长应该及时停止。

批评与表扬的1：5法则

叛逆期的孩子是一个谜团，他们正在努力地探寻如何更好地度过这个阶段，他们迫切地渴望有人可以为他们指点迷津，指出正确的方向。

然而，在生活中，叛逆期的孩子有时会不自觉地犯错，或者在没有犯错的情况下，就遭到家长和老师一顿没来由的数落或批评。

王磊今年上初一，有一天因为一件事情，在上课的时候和同桌的一个女生吵了起来，扰乱了课堂秩序，被老师叫到办公室。老师不分青红皂白就训斥了王磊一顿，还让王磊把家长叫到学校。

爸爸到了学校，听了王磊的事之后，劈头盖脸地训斥王磊说："我都不知道该怎么教育你了！你看，你都和我一样高了，怎么就光长个子不长脑子呢？你太让我失望了，真是白长这么高了……"

王磊实在忍受不了了，就大吼道："你都还没问究竟是谁的错，就这样批评我！"

"还敢顶嘴！你扰乱课堂秩序就是不对，和女生吵架也不对！你什么时候脑子能清醒一点，不再让我和你妈妈操心呢？"

"苦口婆心"的劝说不但没有让王磊悔过，反而使王磊夺门而出，这让老师和爸爸都始料未及。

且不说这件事的责任究竟在谁，我们先来分析一下爸爸的话："你都和我一样高了，怎么能光长个子不长脑子呢？"这句话的潜在意思就是一个人随着个子长高，身体发育成熟，自然而然地就该什么都懂了，但是对叛逆期的孩子，这却是一种错误的看法。身体上的成熟和心理上的成熟其实没有必然的联系，心理上的成熟需要更多的人生经历和磨炼。

1. 批评孩子前要先搞清原因

叛逆期的孩子，开始倾向于自主决策，反对家长管得太多，但由于社会阅历不足，很容易犯错误。当孩子犯了错误时，家长要多听听孩子的解释，给孩子辩解和申诉的机会，在没有搞清楚状况之前不要立即批评孩子。再说，叛逆期的孩子有着一颗敏感的心，如果家长单凭自己了解的情况就主观判断，不分青红皂白就对孩子的行为做出评价和责备，很可能会使其自尊心受到伤害。即便事后家长因为冤枉了孩子向他道歉，但对孩子的伤害仍然无法弥补。所以，批评孩子前一定要搞清问题来由，分清是非。这是批评孩子的前提。

家长觉得孩子可能犯错了时，可以对孩子说："那这样吧，你先跟我说说当时的情况。"如果孩子对家长认为的错误事情做出了合理合情的解释，家长应该说："原来你是想这样做，那我明白了！"只有这样，才能避免误解孩子。

2. 巧妙运用批评与表扬的1∶5法则

叛逆期的孩子有自尊，要面子。如果家长对孩子总是批评、指责，不仅会让孩子对家长失去信任感，还会让孩子产生自卑、逆反心理。时日一久，孩子会失去听家长说话的兴趣，家长的话就变成了耳边风。如果家长能学会批评和表扬的1∶5法则，可以让孩子更愿意听家长说话，听从家长的管教。

所谓1∶5法则，即在每批评一次孩子之前，都要先表扬五次孩子。

即便孩子一无是处，也要先找找孩子身上值得表扬的地方。古语云："数子十过，不如奖子一长。"在批评前，要充分肯定孩子的长处，以赏识的态度对待孩子的错误，从错误中找到孩子的优点，这样，孩子才会乐于接受家长的批评。

3. 批评要把握好时机，了解孩子的情绪状况

叛逆期的孩子在情绪稳定时比较容易接受批评，不高兴时则油盐不进。因此，批评孩子要掌握好批评的时机，根据孩子的性格和情绪状态进行批评。在他情绪较好时，进行教育效果会好得多。

因此，在孩子叛逆时，家长最需要解决的是孩子身心发展不均衡的问题：孩子的身体已经发展到一定程度，家长就需要帮助孩子提高心理成熟感，多与孩子沟通，走近孩子，了解孩子，给予孩子成人般的尊重，帮助孩子完成心理上的独立，使其心理能量逐渐增大。这样，才能正确地帮助孩子度过叛逆期。

4. 纠正孩子错误的艺术

对叛逆期的孩子进行批评时，最好单独进行，勿使孩子当众丢脸，不要伤害孩子的自尊心。

批评的重点只对事不对人，重责其事，轻责其人，循循善诱，充分说理，勿过分强调孩子的过失，重点要放在如何改正上。批评时态度要和善，切勿大声训斥，不要责骂不休，要简明扼要，严肃认真地指出错误。

家长要保持理性和清醒的状态。有时孩子的错误的确让人生气，恨不

得痛骂他一顿，但这样批评孩子容易伤孩子的心。最好先把问题放一放，让自己心平气和下来。当孩子不接受批评时，更大可能与家长的批评态度和方式有关。家长批评时的态度要平和，孩子都是"吃软不吃硬"的。试着降低语调，这样能使孩子情绪稳定，减少与家长的对抗。批评要对事不对人，不要穷追猛打，当孩子领会了批评的意思，又有悔改之意时，就要结束批评。千万不要责骂不休，唠叨不止。批评、惩罚孩子要以解决问题、帮助成长为目的，站在关心、爱护孩子的角度，相信孩子能改正错误。否则，这样的批评教育不仅不能达到目的，反而会演变成以强制性的体罚或孩子强词夺理，拒绝承认错误、逆反而告终。

跟孩子讲道理应把握的原则

孩子进入叛逆期后，对家长的态度有了明显变化，原来的腼腆男、乖乖女一下子变成了"齐天大圣"。

在孩子叛逆期的时候，家长要学会和孩子讲道理。即便孩子再怎么胡搅蛮缠、耍个性，家长也要学会讲道理，不能和孩子一样被情绪左右。

叛逆期的孩子喜欢把自己当作独立的人，喜欢自作主张，反对家长再跟小时候一样干涉自己的事，但孩子心智不成熟，缺乏社会阅历，难免会犯错误。这时，家长千万不要一时冲动，对孩子发脾气，甚至不分青红皂白地一顿批评。先要搞清楚，是孩子不讲道理，还是自己对孩子关爱不够，家庭环境让孩子郁闷惹得孩子叛逆了。

例如，在孩子早恋的问题上，家长如果不能妥善处理，很可能导致孩子的逆反。家长需要首先接纳孩子，应如大禹治水，而不能像鲧治水，疏导则通、堵则溃。家长要与孩子坦诚交流，让孩子明白家长爱他才担心他。家长可以与孩子分享自己的恋爱经验。讲自己的经历，讲自己曾经喜欢过的人，讲现在同爱人在一起生活的幸福感受。当孩子理解了家长的经历后，也就可以把恋爱看作是生命中一段美好的回忆，从而意识到自己现在最应该做的事是学习，重新调整自己花费在学习中的精力和时间。

如果孩子的情感问题没有处理好，家长就是讲得天花乱坠他也听不进去。人一旦陷入情感中不能自拔，什么道理都听不进去了。等他迷途知返，你再乘胜追击。此时，你可以告诉他先立业后成家的道理，例如"一个男人有本事了，优秀的女孩才会欣赏你"；你还可以告诉他"春天要做春天的事""因为等待所以美丽"等；或者告诉他友谊与爱情的区别；等等。要提醒叛逆期的孩子，此时学习是第一位。

在家庭教育中，棍棒教育是所有惩罚方式中最极端的一种。事实证明，对孩子的体罚程度越高，孩子叛逆、反抗的程度越高，对家长的攻击行为和个体表现出的暴力倾向越高。棍棒教育不可取，不打不骂、讲道理照样能把孩子教好。

1. 这样讲道理比打骂孩子更有用

进入叛逆期，孩子不愿意总听家长讲道理，会嫌家长啰唆、唠叨，甚至反驳家长。此时，家长不能总把说教挂在嘴边，简单明了、直截了当即可。"车轱辘话反复说"会导致孩子的大脑处于迟钝状态，就起不到教育的效果了。

家长不妨将道理化整为零，分散灌输给孩子。结合事情简洁而有针对性地讲几句，最好结合故事来讲述，这样更有新鲜感，孩子听起来更有兴趣，且能引起孩子的思考，效果就会更好。

要使讲道理更有效，家长还需要共情，多站在孩子的角度看问题。家长的看法有道理，但孩子不同的想法可能也有合理的一面。家长要肯定孩子行为或想法中的合理之处，与孩子的想法产生共鸣，这时再提出建议，更容易为孩子所接受。

2. 跟孩子关系好了，讲道理就顺畅了

想想自己，如果反感一个人，无论他说什么，即使说的是对的，都会忍不住反驳他；而如果喜欢一个人，则会从善如流。同样，孩子喜欢你，亲子关系好，对你讲的道理也不会抗拒；如果对你反感，即使你说得再有道理也没用，孩子仍然会油盐不进。孩子只有和家长亲近了，才会信任家长，接受家长的教育。

3. 对事不对人

有些家长在与孩子讲道理时，往往偏离了事情本身，转而扯上许多陈芝麻烂谷子的事，引起孩子反感。长此以往，孩子必然把家长讲的道理当成耳边风，听而不闻。一味地说教、讲道理，孩子反而会反感甚至怨恨家长。因此，在给孩子讲道理时，要就事论事，恰如其分，孩子才会心服

口服。对孩子的优点和过错有全面的认识和评价，并注意保护孩子的自尊心和自信心，避免双方的矛盾冲突。一定要学会制怒，不能将自己放在孩子的对立面上，应该心平气和地给孩子讲道理，不可将孩子当成情绪的垃圾桶。

4. 允许孩子申辩

当你在教育孩子，孩子想要申辩和解释的时候，家长通常会更加生气，认为孩子这是在狡辩，在"顶嘴"。最后，家长不停地说，孩子委屈地听，再也不敢说一句话了。

事实上，孩子懂得申辩、顶嘴，表明孩子已经开始有自己的主见，有表达自己的欲望了。有些时候，孩子并不是想"狡辩"或者"顶嘴"，他们只是想为自己的行为申辩而已。当孩子犯错时，家长给孩子一个申辩、解释的机会，听听孩子的理由，有助于了解"犯错"的真相。这既避免家长冤枉、错怪了孩子，也让他敢于表达自己内心的想法，在一定程度上，对于他构建自信心是有帮助的。

抛弃先入为主的沟通方式

我们总是自诩是最了解孩子的人，但是在和叛逆期的孩子的沟通过程中却发现，事实并非如此。这主要是因为我们在与孩子沟通的时候总是想当然，习惯先入为主，当孩子犯了一些小错误的时候总是负面看待、评价孩子，对孩子缺乏一定的尊重和理解。

　　大志有点贪玩，经常放学后不写作业，出去玩耍。妈妈给大志定了规矩：不写完作业不能出去玩。一天，晚饭过后，妈妈又来催促大志写作业，大志对妈妈说有点不舒服，想休息一下。没想到妈妈生气地说："不舒服？得了吧你，我还不知道你那点小心思，我看你就是不爱学习，想出去玩。今天你不把我给你留的那几道题做完，休想偷偷溜出去！"

　　大志顿时觉得十分委屈，躺在床上又哭又闹，索性不做作业了。妈妈觉得大志在偷懒耍滑、耍小心眼，于是又是一顿训斥。事后大志竟然和妈妈赌气，不去上学，不吃饭。妈妈觉得大志太不听话了，更加生气，打了他一顿，于是大志再也不和妈妈说话了。

　　大志妈妈这样对待大志显然是不对的，虽然大志平时贪玩，但是并不代表他会为了逃避作业或是想出去玩而装病，有可能大志是真的不舒服。可是妈妈并没有认识到这一点，而是先入为主，想当然地认为大志是在偷懒耍滑，于是训斥了大志。结果大志和妈妈赌气，妈妈又觉得大志太不听话，就打了大志，最后大志不再和妈妈说话，导致亲子沟通出现了障碍。

　　男孩子都会有些淘气、贪玩，一些家长不理解，总是先入为主，专制蛮横，做出武断的评判，殊不知这样会给孩子的心灵造成很大的伤害，让亲子沟通出现巨大的障碍。成长中的孩子需要爱和理解，需要信任和尊重，因此在与孩子沟通的时候，家长一定要放弃先入为主的想法，跟上孩子成长的步伐，与孩子共同成长。

孩子有自己独立的人格和尊严，所以即使孩子犯了错，家长也要用爱去包容、理解，而不是一味地批评指责。不妨给予孩子一些信任，不要先入为主地进行批评教育，而是在管教之前，先把事实真相弄清楚。"人非圣贤，孰能无过"，更何况是成长中的孩子，因此不要因为一次犯错就给孩子贴上不好的标签。

1. 理性看待孩子叛逆

叛逆期的孩子，心理发育的速度超越任何阶段。随着网络发展的日新月异，孩子很容易接触外界的信息，有时他们的智慧甚至超越了家长。但这些外界信息也造成了孩子的迷惘，使孩子不知所措，因而变得矛盾，走向逆反。因此，无数家长感到叛逆期的孩子难以管教，甚至会把孩子成长中的某些现象当成坏事。家长更应关心叛逆期的孩子的内心感受，不要先入为主。叛逆期的孩子并没有家长想象中的那么一无是处，其实最应该改变的往往是家长自己。

2. 经常换位思考

在和叛逆期的孩子沟通过程中，家长往往都有一种自我中心倾向，即从自己的角度、自己的经验去认识和解决问题，忽视了孩子对同一问题的态度和看法。这些家长在开口训导孩子前，已经先入为主，似乎自己的认识和方法是最正确的。可最后光是家长一头热，即使磨破嘴皮子，也未必能产生好的教育效果。

在跟孩子开口说话和沟通前，家长不妨进行一番换位思考，即从移情的角度入手，把自己置于孩子的立场去理解和体会孩子的想法，避免先入为主，努力理解孩子要表达的意思，了解孩子的需求和想法。这样做有助于拉近和孩子之间的心理距离，可以保证你所听到的解释符合孩子的本意。

换位思考有如下四个方法：

一是角色扮演。家长在心理上扮演孩子的角色，感觉一下，孩子是怎么想的。站在孩子的立场去认识问题，理解孩子，体验孩子的感受。比如：我的说话方式和行为方式能让孩子接受吗？他会听我的话和指导吗？

二是想象对话。对孩子不理解时可以进行想象对话。比如，家长心里说："孩子真气人，怎么不听话了？"再想象一下孩子对自己说："我这么大了，干吗总挑我的毛病？"这种对话方式，会帮家长对孩子有新认识。

三是迁移感受。家长把自身经历中的某些感受迁移到孩子身上。如果我们不能将心比心，就不能达到预期的效果。

四是回忆往事。经常回忆自己的孩童时代，想想"假如我是他……"把自己放在孩子的位置上考虑问题，才会真正地理解孩子的所作所为。

唠唠叨叨只会让孩子更反感

家长在批评孩子、教育孩子时，往往不自觉地就唠叨个没完没了，让孩子产生习惯性的模糊听觉，即明明在听，却怎么都听不进去。有的家长抱怨："他就是不长记性，你跟他说话，他左耳朵进，右耳朵出，从来都不用心。""我说了孩子许多次，可越说他越不听；帮了孩子许多次，可孩子一点反应都没有；教育孩子多次之后才发现，孩子的表现与自己的期望恰恰相反……"

这就是孩子对家长的话不以为意，听过就忘。其实，从心理学方面来看，这是忽视心理的一种表现，是孩子对信息的选择性遗忘。因为话语的频繁刺激会使孩子心生烦躁，进而对所说的话置若罔闻。其实这并不是孩子的错，而是家长过度唠叨了。家长的唠叨，其实是一种重复刺激，同一内容重复的次数多了，就会在大脑皮层产生保护性抑制。最后，就会产生"你越说，他越不听"的逆反心理。在这种心理下，这种认为孩子什么都不懂、依然把其当小孩子似的唠叨，会被孩子认为是对自己的侵犯。家长的唠叨，无论内容为何，都会被他们视为对自己独立自主权利的剥夺，是对其个人尊严的侵犯。

　　徐峰今年读高二，是班里的体育委员，他身高1米87，而且还很壮，同学们都管他叫"小姚明"。有一次，徐峰和另一个班的同学因为争篮球场地而发生了矛盾，最后争执激烈的双方就打了起来。打斗中，徐峰为了保护自己的同学，用砖头把其他班的一个同学的头给打破了，送到医院后缝了十来针。随后，受伤学生的家长闹到了学校，要求学校对徐峰进行处分。

　　受处分之后，徐峰认为这件事就这样过去了。可是，没想到爸妈竟然对自己不依不饶。每天，徐峰的爸妈都会就这事没完没了地拿出来唠叨两句："你别忘了你是个带着处分的学生！""你要是再打架，后果可就更惨了！""你以后老实点，再跟人打架出了事情我们可不管你！"

一开始，徐峰听着爸妈的批评，确实意识到了自己的错误，态度很好，想着既然自己犯了错，被唠叨几句也是应该的。可是到后来，只要有一点点不对，徐峰的爸妈就会抓住这件事情唠叨个没完，让徐峰不胜其烦。

终于有一天，徐峰再也忍受不了爸妈这样无止境的唠叨，对他们吼道："我早就已经改了，你们唠叨起来有完没完了？我犯一次错，你们就判我死刑吗？是不是要提醒我再去打一架，好让学校开除我啊！"说完，徐峰跑到学校里故意挑事打架，结果被学校开除了。

在校长办公室里，看着在校长面前苦苦哀求的爸妈，徐峰冷笑一声，心想："这可不能怪我。这都是你们逼的！"

家长是不是应该反思一下：自己是不是太唠叨了，导致孩子不爱听自己讲话，结果越发叛逆呢？当家长对孩子唠叨时，他们并不会考虑家长唠叨的内容，其所强烈抵触的是唠叨本身。将心比心，如果让我们整天面对着家长一连串的唠叨话语，恐怕也会感到心烦意乱。这时，孩子的对立情绪、反抗情绪也就会更加强烈。

因此，家长千万不能总是对孩子唠唠叨叨。为了不使孩子在自己的唠叨下产生过激的行为，家长也要做出相应的改变。家长要学会观察孩子，了解孩子的内心世界，以正确的方式与孩子进行交流沟通。

1. 唠叨属于无效沟通

唠叨是一种无效沟通，经常唠叨的家长通常没有意识到这种无效性，从而陷入在这种唠叨复唠叨的循环中。同样的话，像复读机一样在孩子耳边循环播放，会让他听觉疲劳，进而变得厌烦、不在乎。长此以往，还容易引发家长和孩子之间的矛盾，所以家长要学会控制自己，尽量避免过度的唠叨。

孩子成长本身就是错误不停出现以及不断改正的过程。家长如果因为这些不完美、小错误唠叨个没完，"孙悟空"也有离家出走的那一天。孩子不一定非要按着家长规定的路线走下去，对于必须做的事情，孩子有权选择接受或拒绝。家长完全可以尝试着停止唠叨，把权利交还给孩子，让孩子自己去决定该怎么做。家长只需要在旁边做好指导工作。

2. 说教要点到为止

进入叛逆期的孩子，自尊心越来越强，为了不伤害孩子的自尊心，家长在说教的时候要点到为止，不必事无巨细，更不能没完没了。很多时候，家长只要稍微提醒一下，孩子就能理解大人的意思了。比如，"要用功学习"，这句话本来只是提醒孩子，可是经常把它挂在嘴边，就会无形中给孩子增加压力，催生孩子的逆反心理，长此以往，让孩子陷入一个恶性循环中。结果，"要用功学习"这句话成了重复性的唠叨，让孩子变得心烦，失去学习的主动性。

让孩子用功学习并非重复督促就能实现，它需要家长引导孩子从学习中找到乐趣，激发孩子对学习的兴趣，真正将孩子从"不用功"引导到

"用功"的轨道上来。只有激发出孩子学习的欲望，他才会自主地学习。

3. 避开伤害性的唠叨

伤害性的唠叨是家庭的第一大杀手。有的家长疑惑，孩子现在的脾气怎么这么大？家长不妨反思一下，如果你在叛逆期，每天面对唠叨的家长，你会怎么样？其实，叛逆期的孩子能体会到你的用心。起初，孩子对家长的唠叨多半会选择忍耐，不会产生逆反和抵触心理。但如果家长唠叨个没完，必然会引起孩子的烦躁，开始防卫性的反击。因此，家长应该避免那些命令式的唠叨，避免说出伤孩子心的话，就事论事，多和孩子说真心话，用亲切的语言告诉他，远比大声呵斥作用大得多。孩子需要的是家长的指导，而不是唠叨，因此切记，不要让千篇一律的唠叨成了孩子叛逆的助推器。

超限效应：不做唠叨的家长

家长接二连三地对一件事进行同样的批评，会使孩子从最初的内心愧疚变成不耐烦，进而产生逆反心理——"为什么总是抓住我的错误不放？"本来孩子也许已经做好了改正的准备，但在家长无休止的批评刺激下，完全有可能破罐子破摔，和家长最初的教育目的背道而驰。

美国著名作家马克·吐温有一次在教堂听牧师演讲。刚开始的时候，他兴致勃勃，觉得牧师声情并茂，讲得很好，让人听了很感动，他已经准备捐款。又过了10分钟，牧师还没有讲完，他开始觉得有些不耐烦了，于是决定只捐一些零钱。又过了10分钟，牧师还在滔滔不绝，他决定1分钱也不捐了。

这种刺激过多、过强和作用时间过久而引起心理极不耐烦或反抗的心理现象，被称为"超限效应"。

在家庭教育中，这种超限效应经常发生。比如：当孩子犯了某一个错误后，家长就会揪着这个错误一次、两次、三次，重复地做出同样的批评，使孩子从最初的内疚不安到不耐烦乃至到后来的反感讨厌。孩子被家长逼急了，就会出现"我偏要这样"的反抗心理和行为。

可见，家长对孩子的批评不能超过孩子忍受的限度。如果非要再次批评，那也不应该简单地重复，应该换个角度、换种说法，从不同的方面引导孩子改正错误。只有这样，孩子才不会觉得自己的错误被"揪住不放"，厌烦心理、逆反心理也就不会那么严重。

其实，想要孩子改正错误和缺点，与其一遍一遍在孩子耳边唠叨，还不如家长树立榜样，以身作则。

比如，孩子喜欢乱扔垃圾，家长一遍一遍提醒，都不管用，不如家长自己讲究卫生，孩子的模仿能力强，在家长的言传身教之下，很容易达到家长的要求了。一个家庭里，通常妈妈的话都会多一点，所以，这种情况很容易出现：妈妈苦口婆心劝导孩子，天天在孩子面前说，但是孩子根本就听不进去；反而是爸爸关键的一句话，就能够帮助孩子改正缺点。究其原因，就是因为妈妈对孩子管得太多、太琐碎，让孩子产生了厌烦心理，反而不听话了。而因为爸爸很少说孩子，但是能抓住一些主要问题，所以教育的效果更好。

在教育孩子的时候，一定要适度，切忌超出孩子的忍受限度。有时候抓大放小，可能会更有效果。

1. 批评孩子的话要实

最让孩子觉得反感的，就是家长的唠叨，它会让孩子产生永无出头之日的绝望感觉。有些家长喜欢给孩子讲大道理，或者不问青红皂白劈头盖脸一顿粗暴指责，常常让孩子摸不着头脑，其结果就是，家长讲得口干舌燥，孩子听得莫名其妙，搞不清楚自己到底错在哪里。

批评孩子应该丁是丁、卯是卯，说准说透，以教育的质量为主，数量应该减少。

2. 批评孩子适可而止

生活中经常有这样的现象：家长三番五次地对孩子说"你不要贪玩，要认真学习"，可是孩子却将家长的话当作耳边风，依然天天打游戏，成绩依然一塌糊涂；"你要爱干净，把你的房间收拾收拾，看乱成一团的样子。"结果孩子的房间仍然是乱七八糟，丝毫没有改变。为什么会这样呢？

心理学家经过研究后发现：人的机体在接受某种刺激过多的时候，会出现自然的逃避倾向。这是人类出于本能的一种自我保护性的心理反应。

由于这个特征，人在受到外界刺激过多、过强或作用时间过久的情况下，就会极不耐烦或产生逆反情绪。

现实生活中很多家长都喜欢对孩子讲大道理，一遍一遍，不厌其烦，孩子即使认为家长的话很有道理，听多了以后，孩子也会有逆反心理，很多孩子爱和家长顶嘴，也就是这个原因。为避免这种现象的发生，家长在教育孩子的时候就要掌握好一个度。达不到这个度，就达不到教育的目的，但是如果过了这个度，就会引发超限效应，适得其反。只有掌握好分寸，恰到好处，对孩子的教育才能起到四两拨千斤的作用。

3. 批评孩子注意场合

许多家长在教育孩子的时候不顾场合，大庭广众之下，大声斥骂孩子，甚至还动手打孩子，以为这样能给孩子留下深刻的印象，以后不敢再犯。殊不知，这样的教育会伤害孩子的自尊心，达不到教育的目的。如果在公共场合受到家长的批评，孩子会觉得很没有面子，即使知道自己错了，也不会跟家长认错，反而还会产生对抗心理。

如果被家长当众批评，被当众揭短，孩子自尊、自爱的心理防线就会被击溃，甚至会产生以丑为美的逆反心理。因此，家长在批评孩子的时候，一定要注意环境和场合，切忌当众批评孩子，特别是当着孩子的朋友说孩子的不是，这会严重伤害孩子的自尊。尊重孩子，给孩子面子，才能取得理想的教育成果。

4. 批评孩子不要翻旧账

孩子最怕家长在教育自己的时候把多少年前的旧账翻出来，反反复复地说。昨天已经认了错，今天又要翻旧账，导致孩子不知何日才能挺胸抬头做人。其实，家长对孩子最有效的批评应该是言简意赅、点到为止。这样的批评，孩子才会牢记终身。

家长在教育孩子的时候，应该就事论事。孩子犯了错误，家长只要跟他讲明道理就可以，不需要一直纠缠。就算孩子再犯类似的错误，家长也不要拿以前的错误说事，不要一出现问题，就把问题无限延伸。过去的事已经成为过去，家长不要总是记着孩子以前不好的地方，这样会让孩子感觉在家长面前永远无法翻身。孩子正处在不断学习、成长的过程中，家长要学会原谅孩子的过错，动不动就翻旧账容易伤害孩子的自尊心，打击孩子的自信心，会让孩子产生一种自己一无是处的感觉。

家长翻旧账，其实就是对孩子成长的否定，对孩子进步的否定。当孩子觉得自己已经有所进步、有所改变的时候，下一次犯了错误，家长又把以前的错误拿过来说，孩子就会觉得自己所做的改变没有任何效果，得不到家长的肯定，从而产生"还不如就这样"的心态。原本想要改正错误的决心，说不定就被家长翻旧账的行为给磨灭了。

5. 换种口气试试

在家庭教育中，这样的话经常听到："你怎么每次做作业都要我来提醒你？""你怎么还在打游戏啊？""你怎么只知道玩呀？""你怎么每次考试成绩都那么差?"家长总是有意无意把自己放在强者的位置,习惯于用责骂的口气、评价的口气和孩子说话,尤其是在孩子犯错的时候,这种口气更加严厉。

无数事实证明,家长在教育孩子的时候使用过激的语言很容易引起孩子的反感,达不到教育的目的。我们之所以习惯责问,习惯评价,是因为没有把自己和孩子放在平等的位置上。家长可以试着改变自己,换一种口气和孩子说话。比如孩子的字写得很潦草,不要打击孩子,对孩子说:"孩子,妈妈看你今天写的作业很不清楚,看起来感觉不怎么舒服,你自己看着呢?"

口气一换,孩子听着顺耳了,心情愉悦了,不仅不抵抗,反而由被动变主动。肯定、感恩、信任、价值……这些非常积极的心理暗示,就会不自觉地转化为孩子的自我要求,有助于形成良好的行为习惯。

少一点"责问评价",多一点"情感交流",换一种口气和孩子说话,孩子就会向着你期望的样子成长。

第五章

家长这样做，孩子才会服从

　　进入叛逆期的孩子，独立的意识越来越强烈，开始有了独立的思想、独立的

人格，希望摆脱家长的束缚，家长传统的管教方式逐渐开始不奏效了。孩子的叛

逆期也是家长转变自己教育方式的一道坎。家长需要变换引导方式，随着孩子的

成长更新自己的培养方式和教育观念，孩子才会更加服从家长的管教。

学会放手，让孩子独当一面

作为家长，我们可能经常抱怨孩子不听话，却很少怀疑自己的教育方式。如果家长了解了孩子对这些教育方式的反馈，往往就能意识到自己教育方式的正误了。

叛逆期的孩子自我意识强烈，他们希望得到家长平等的看待。如果家长的教育方式违背了这一点，他们肯定不会服从，家长的教育只能是"无效教育"，甚至会演变成"有害教育"。因此，做家长的一定要做到了解孩子并深刻反思自己不当的教育方式，及时予以调整。

例如，有些孩子进入初中后，回家的时间常会越来越晚。他们放学后不按时回家，而是根据自己的兴趣，要么留在教室看书，要么到操场打球，要么逛街了解潮流商品信息，总之家已不再是他们眷恋的避风港。

我们来听听这些孩子是怎么说的：

"爸爸妈妈对我管得很严，一回家，什么也不让做，一个劲儿催我去学习。只要我一坐到电视机前就会说：宝贝啊，别看电视了，快回房间学习去。"

"放学回到家，才把门关上，书包还没放下来，妈妈就催促：作业没写完吧？赶快写作业，先别急着玩。"

的确，一些孩子放学后不爱回家，就是因为家长会不断地催促他们学习。孩子在学校学习一整天，绷紧的神经需要得到放松，如果他在家里面对的是像老师一样盯着他的家长，一直处在紧张的学习氛围中，那么家在孩子心目中，就失去了其相对于学校而言特有的意义。

其实，初中阶段孩子的理性思维渐趋成熟，通过家长及教师的简单引导，会很快认识到学习的重要性，知道学习是现阶段最重要的任务，因此家长没有必要不断地催促孩子去学习，以免适得其反。

一个初中生在日记中写道："不要总是催促我去学习，因为：第一，这个年龄的我不喜欢被人约束，本来想去学，有人催促，反倒不想学了；第二，我也需要休息；第三，我会自己安排作息时间。"

这个孩子实际上说出了广大初中生的心声。教育孩子时，家长不妨尊重他的意愿，适当放手，让孩子自己做主。

1. 小事儿让孩子自己做主

当孩子进入叛逆期时，家长明显会感觉到家中的氛围大不相同了，孩子常常把"郁闷""纠结"挂在嘴边。他们很少去反思自己的想法、做法，而且常常会产生一种偏激的想法，认为行动的障碍来自大人，认为大人的管教是自己前进路上的绊脚石，是毫无意义的说教，于是产生了逆反心理——家长越是不让做什么，就越要做什么，想借此来证明自己长大了、独立了。

这时，家长和孩子如果硬碰硬，势必会造成矛盾升级，亲子关系更加紧张。既然知道孩子还没有成人，未能学会反思，家长干脆"大度"一些，信任你的孩子，适当做出理性的让步——抓大放小！只要与孩子就大的"战略方向"达成一致，只要孩子能做到大局不乱、大方向不出问题，对于细枝末节，放手让孩子大胆去闯去干，给孩子足够的信任和施展的空间。家长要做的就只剩下监管、辅助了。

首先，在学习、生活中，家长可以与孩子妥善沟通，倾听孩子的心声，读懂他的内心需求，尽量达成一致意见，切忌越俎代庖地替孩子安排、决定、包办一切，而是让孩子充分感受到家长的爱与信任。

其次，关注有度，该放手时就放手。叛逆期的孩子渴望被关注、被尊重、被认可，但如果让他感到被束缚、被监视、失去了自我，孩子往往会本能地像刺猬一样竖起尖刺来保护自己。老话说"心急吃不了热豆腐"，虽然家长关心孩子，想更深层次地了解孩子，但还需要克制自己的"好奇"，默默地做个倾听者，只要在孩子需要帮助的时候再出手就好。

2. 给孩子独立的机会

自然界中，动物长大后，就无法再与双亲长久相伴，也不能靠双亲养活，而是要独立生活。如果不能够独立生存，终将会被大自然无情地淘汰。对孩子而言，长大后也需要独立，需要靠自己的能力去适应社会。在日常生活中，表现在孩子更多地独立处理自己的问题，自己独立做决定，需要相对独立的生活空间等。这种情况下，家长不要过多干涉，真正变"我帮你"为"你自己来"。只在孩子需要帮助时给予指导即可。

孩子就是一颗种子，落地就要发芽，要成长，要独自面对风风雨雨，家长尽早让孩子学会独立，让孩子靠自己的力量去开拓属于自己的一片天地，孩子在未来才能生活得更好。家长要学会放手，让孩子独立面对生活，给孩子一个学习独立的机会。

3. 让孩子多经受磨炼

家长应该学会像老鹰一样适当地放手，让孩子经受历练，成为翱翔于天际的雄鹰。而不要像母鸡一样时刻将孩子护在翅膀底下，不让他去经历风雨坎坷，这样最后教出来的孩子只能在几间鸡窝、草垛上跳来跳去。这不是家长的所愿吧！

真正爱孩子，就是要将孩子当成真正的人、独立的个体，正确地进行引导，科学地培养，而不是把孩子当成实现自己梦想的工具，从而毁掉孩子的幸福。

家长如果以"爱"的名义，对孩子的照顾事无巨细，紧紧地把孩子拴在自己身边，这样做，除了让亲子关系变得紧张以外，最后得到的只能是一个"傀儡"。所以，孩子叛逆期要求独立的空间，家长应该放手让孩子去磨炼、去锻炼，只引导而不指手画脚，家长的言传身教比"下死命令"有效得多。

用民主和赏识代替权威与高压

叛逆期孩子的成长，需要良好的家庭环境。良好的家庭环境，应当是民主的，孩子理应与家庭中的其他成员享有同等的权利。而不少家长认为："孩子毕竟是孩子，他们还小，能懂什么？"所以，家长常会对孩子说："大人的事，孩子少管。"家里有什么事，也不愿意告诉孩子；家里有什么重大决策，或碰到与孩子有关的事，家长也是自己拿主意，很少征求孩子的意见。这样的家庭是不民主的。而在民主的家庭中生活的孩子，往往会享有充分的知情权、参与权和表决权。

在一次家长学校骨干培训班上，刘树谦教授讲了一个关于妈妈从小培养孩子学会公平，不能多占的故事：妈妈每次买吃的东西都是三的倍数，回家后爸、妈和孩子平均分。有一次，买了六个稀少贵重的水果，孩子一见就抓起两个吃得飞快，吃完还定定地望着剩下的四个。妈妈似乎有意忽略孩子"贪婪"的眼光，与爸爸各自取了两个水果，毫不犹豫地品尝起来。目的在于告诉孩子：没有特权，不能多占。

从孩子懂事开始，我们要逐渐向孩子渗透民主和公平的意识。现在的孩子要求和想法多样，譬如买什么牌子的手机，该不该买电脑，周末该如何安排，看电影还是逛街等。要让孩子学会遵守"家庭民主制度"，不让孩子享受特权，学会对孩子说"不"。家长不能肆意满足孩子的无理要求，无原则地迁就、退让。家长应营造一种民主的氛围，潜移默化地渗透尊重他人、公平待人的意识。

　　每到月末，于森就会拿出家庭会议记录本，和爸爸妈妈一起坐在沙发上，开始每个月一次的家庭会议。这天晚上，全家人又坐在了一起。

　　"爸爸，您对我这个月的表现满意吗？"于森一脸真诚地问爸爸。

　　"嗯，没有问题，很好。"爸爸高兴地说道。

　　"这一段时间，心里总是有一股莫名的烦躁，不知道是为什么。"妈妈在一旁说道。

　　"或许是你平时做的家务太多了，而且前一段时间工作太费心了。"爸爸帮妈妈分析，"我们可以找一个放松心情的好方法。"

　　"爸爸妈妈，那我们一起去郊游好不好？"于森开心地提建议。

　　"嗯，好啊。"接下来，一家人聚集在灯光下开始讨论效游线路。

　　家庭会议是叛逆期孩子健康成长的一个渠道，孩子可以通过家庭会议逐渐熟悉自己的家庭情况，了解原来一个家庭需要考虑的事情是那样复杂，而这些体验更有利于孩子今后适应生活。在家庭会议中，一切的活动都是在民主平等的氛围中进行的，在无形中可以使孩子思考问题、组织语言、参与活动的能力得到锻炼，并给孩子树立慢慢走向独立的意识。

1. 做个开明的家长

随着叛逆期孩子的成长，家长的权威越来越失去效力。此时家长不能滥用自己的权威，强制孩子服从管教。

家长的权威不是强迫，不是压制。家长是要利用孩子对家长的崇拜引导孩子不断进步。家长在孩子的眼中，不怒自威，家长可以利用这种权威来教育孩子，帮孩子树立正确的价值观，但要有正确的方法。

如果你是一个专制的家长，就要调整你的教育方式了，凡事多征求孩子的意见，跟孩子多商量，在家庭中发扬民主，尽量不要自作主张地安排。例如，经常召开家庭会议，鼓励孩子发表自己的意见。

民主并非就失去了权威，但民主也不等于放任自流。在涉及是非的问题上，家长还是不能放松对孩子的要求，以防止孩子变得过于任性，胡作非为。要把民主和权威相结合，既给孩子一定的自由空间，也不能自由放任。至于孩子提出的不正确意见，家长可以通过某些方式引导和说服孩子。

2. 尊重孩子在家庭会议中的表决权

家长不要和叛逆期的孩子硬碰硬，尝试着营造一个良好的家庭环境，增加孩子的表决权，也许会是一个好方法。

家长不能总是以自己的思维方式去评判孩子的所作所为，把自己的意愿强加给孩子，剥夺孩子申辩的权利，轻则呵斥，重则打骂。孩子的想法得不到家长的重视，只好忍气吞声，将委屈和不满埋藏在心里。孩子没有话语权、表决权，感觉不到家长的尊重，渐渐地就会对家长产生对抗情绪。

倾听孩子诉说自己的想法，充分尊重孩子说话的权利、表决的权利，这是一种家教艺术。这有利于双方的交流，让孩子信任家长，愿意说出真心话，家长教育孩子也好对症下药，从而帮助孩子有针对性地解决问题。

3. 赏识你的孩子

叛逆期的孩子希望得到表扬、肯定和鼓励。当他由于进步而受到家长的表扬和鼓励时，会获得心理上的满足感、精神上的愉悦感，进而克服逆反心理。家长在和孩子沟通时，要用期望、信任和鼓励的语言以及正面激励的方法，尊重和赏识孩子，看到孩子的成长和进步，尊重孩子的自尊心，相信孩子有独立处理事情的能力，尽可能支持他。赏识可以发出巨大的能量，给孩子巨大的驱动力，医治孩子的逆反心理。

家长不要光盯着孩子的短处，更不要全盘否定孩子，拿孩子的弱点和别人的优点比较。家长的话并不一定就是对的，孩子就一定是错的。应尽可能发掘孩子的优点，多鼓励和欣赏孩子，这有助于减少孩子对家长的抗拒心理。家长要尽量发扬民主的精神，给孩子发言权、自主权、表决权、时间支配权。家长不要总是越俎代庖，包办孩子的一切，甚至不跟孩子商量就将孩子的时间排得满满的。要将时间交给孩子自己去安排。家长要放弃"一言堂"的做法，凡事以商量的口吻提出建议，多听听孩子的意见，这是家长与孩子良好沟通的开端。

叛逆的孩子需要"耐心+认可+鼓励"

面对叛逆期的孩子，很多家长不知道如何教育他们，也不知道如何和他们沟通，更不知道他们心里在想什么，需要什么，而且这个时期的孩子总是出现各种各样的问题，让很多家长手足无措。管严了，孩子就反抗；放任不管，又担心孩子会学坏；想与他们沟通，可孩子要么躲着家长，要么说不了几句话就顶嘴。

其实，这些都是正常现象，因为这个时期的孩子处于幼稚与成熟之间、独立与依赖之间，想要追求完美又总是会有遗憾。这样一种矛盾心理，使得孩子的行为看起来很荒唐、无聊，但对于孩子本身而言，却十分有意义。家长如果不了解这种行为对孩子的意义，就对孩子严加管束、斥责，这就使得双方之间的矛盾升级、冲突不断，并且还会加剧孩子的逆反心理。

李楠天资聪颖，也很乖巧，可近来变化较大，家长说什么都要顶嘴，有时还要同家长对着干，爱自作主张。例如，小学毕业时，父亲为他选择了临近的一所重点中学，而李楠却偷偷改成了一所离家较远的中学。他不是在挑学校，而是故意与家长闹别扭。

初二下学期时，李楠开始喜欢买一些新潮的东西。一次，爸爸刚给李楠买了手机，没几天，李楠说要换个手机，说是自己的手机没法玩网络游戏。爸爸生气地说："你现在还是学生，首要任务是学习，玩什么网络游戏啊？再说家里不是有电脑吗？想玩的话可以用电脑玩啊。"李楠气得把书包往地上一摔说："别人都用手机玩，你要不买我就把电脑砸了。"妈妈问他考试成绩，他故意说不及格；爸爸平时工作忙，找机会想跟李楠聊聊，他却把爸爸拒之门外……爸爸妈妈十分焦急，一时不知如何是好。

叛逆期的孩子不再唯唯诺诺，他们最反感的就是家长的干涉和压制，有的甚至会为了反抗家长的压制，故意走上歪路。面对叛逆期的孩子，家长的烦恼也越来越多，最初是忍让，然后是哄劝，接着就是打骂，这些办法都不奏效了，就灰心了、放弃了。

其实与其"堵"，不如"疏"，用"耐心＋认可＋鼓励"来扭转和化解孩子的叛逆。

1. 找到孩子逆反的根源，耐心疏导，循循善诱

家庭教育绝非一蹴而就的事，需要家长保持持久的耐心和坚定的决心。若没有这些，便难以担当起为人父母的重任。凡事都可以"水滴石穿"来应对，就连平日里最为叛逆的孩子也不例外。家长若是能以足够的耐心激励孩子，便能促使孩子有更好的表现。而且，叛逆期的孩子常常带有负面的情绪，因此家长需要先"疏流"，然后才能"改道"。

首先，家长要主动与孩子建立良好的关系，或改善原有的不和谐的关系，真诚地与孩子交流，以赢得孩子的信任；其次，要学会倾听，以同理

心去考虑孩子面对的问题，要鼓励和引导孩子说出自己的看法和感受，耐心地倾听孩子的感受，了解孩子内心的需求，不仅有利于孩子敞开心扉，释放和宣泄内心的情绪压力，更能帮助家长准确找到孩子逆反心理的根源，从而耐心地疏导，循循善诱，引导孩子健康成长。

另外，家长也可以在孩子坦承自己做得不够好的地方，诚恳地表明自己的态度，这样有助于孩子解除心理防线，拉近与孩子的心理距离，然后再与孩子协商，共同找到解决问题的办法。

2. 认可、肯定孩子的叛逆

孩子的叛逆，并没有家长想的那么严重，这时应该肯定他、引导他，这一阶段很容易就能度过。家长要接受和肯定孩子的叛逆，可以适度地冷处理；当他无理取闹时，最好少些关注，少些责备；对孩子表现好的地方，不要吝啬赞美；不要过分束缚他们的手脚，应该给他们自由发展的空间，允许和接受他们成长中的错误；认可孩子的每一点进步，引导孩子逐步走向成熟。

罗森塔尔效应告诉我们，孩子最需要家长的认可，家长的认可是孩子继续努力的动力。那些经常得到家长赞扬的孩子往往表现得更为出色。因此，在教育孩子的过程中，家长应在平时注意放低姿态，帮助孩子建立自信，帮助孩子寻找自我的价值。

3. 鼓励，让孩子更自信

每个人内心深处都希望能有展示自己重要性的机会，叛逆期的孩子更是如此，当自己的价值获得家长和他人的肯定与认可时，他就获得了前进的动力；反之，如果孩子的"虚荣心"未能得到满足，长此以往，孩子会变得自卑。

孩子在成长过程中总在接触新的知识，他们要学很多原本不知道的东西，探索完全陌生的世界，因此他们需要家长的支持和鼓励，需要家长耐心的教导以增强自己的自信。

叛逆期的孩子最怕的不是生活上吃苦、学习上受累，而是害怕人格受挫、面子丢光。的确，叛逆期是人格形成的重要时期，孩子已经开始有自己的独立意识，也开始在意别人的评价。他们最在意的是家长的看法。家长积极的心理暗示对孩子很重要。对于孩子来说，他们最亲近、最信任的人是自己的家长。因此，家长对他们的影响是巨大的。如果他们长时间能接受到来自家长的积极的肯定、鼓励、赞许，那么，他们就会变得自信、积极。

所以，家长一定要好好运用"赏识"这个法宝，这样，孩子才会接受家长的正面管教。

解除高压政策，倾听孩子的心声

专制型的家长很难让孩子感觉到温暖，他们主要用高压政策和强制手段来控制孩子的行为，很少与孩子进行真诚的交流、沟通。他们不想听孩子倾诉，也不与孩子进行交流，而是用家长的权力来维持自己的尊严，迫使孩子遵从自己，不允许孩子对自己的决定和制定的规则有任何不满。

在这样的家庭里成长的孩子常常向两个极端发展：极度的反抗和极度的顺从。反抗型的孩子一般攻击性较强，像刺猬一样，随时准备反击；顺从型的孩子则缺乏主见，不敢担当责任，他们对自己缺乏信心，在困难面前容易退缩。

对孩子的叛逆，家长一定要善于引导，千万不要采取高压政策。因为越是高压，孩子的反抗就越厉害。高压政策不仅无法疏导孩子的叛逆，还可能会把孩子的叛逆推向另一个极端。

有这样一个家庭：母亲是中学化学老师，连续七年被评为优秀教师，父亲是一个律师，经营着一家律师事务所，他们的儿子正在读高中，而他们提起儿子来总说"我那不争气的儿子"。

其实他们的儿子小时候聪明活泼，夫妇俩想尽办法为他创造条件：让他上各种兴趣班、提高班，还买了许多辅导书给他看。小学时，孩子的学习成绩在班级一直都排在前五名，并以高分升入初中。可是初中就不一样了，他变得不听话，爱和家长唱反调，厌烦学习，学习成绩大幅下滑。初三下学期时，他频繁逃学，为此受到家长的无数次斥责。中考前夕，夫妇俩发现儿子不辞而别，只留了一封信。

亲爱的爸爸、妈妈：

我实在愧当你们的儿子。你们那么优秀，而我却如此平凡，对不起，让你们丢脸了。其实我也想把书读好，考个好成绩，可不知为什么就是提不起兴趣。一股无形的压力让我喘不过气来。的确，你们生我，养我，为我创造了良好的读书环境，含辛茹苦，为我付出那么多，可我时刻害怕让你们失望。

我很感激你们，也知道你们对我深切的爱和期望，然而，在这爱和期望中我也失去了玩耍的权利，失去了很多乐趣。你们不允许我外出，说会耽误我学习的时间，还怕我学坏。我的人生除了读书还是读书，可我还需要朋友，需要温暖。你们的工作又那么忙，我在家连说话的人都没有，我们偶尔的谈话也永远是那个唯一的主题——好好读书，好成绩才有好人生。

上周的中考摸底测试成绩已经出来了，我排到了班级的24名，让你们再一次失望了，我觉得这个家已容不下我这种不爱读书的人了。我走了，我会照顾好自己的，请别找我。

儿子

后来，家长辗转千里，找到了孩子。但回家后，儿子坚定地表示，"我不想再读书了，否则我还会离家出走。"家长只好答应了他。

"我的家长也是大企业的中层领导，家里的兄弟姐妹都很优秀，我的侄女上了大学，外甥在念重点高中。可偏偏我这个儿子不争气，给我丢尽了脸面。我当了二十年的老师，教的学生也是人才辈出，却教不了自己的儿子，问题到底出在哪儿了？"这位母亲道出了心中的疑惑。

可以说，孩子的离家出走，根源完全在于家长的高压政策。家长希望孩子出人头地，以优异的成绩给自己挣得面子，满足自己攀比的心理，于是一味地给孩子加压，剥夺了孩子交友与玩耍的权利，使孩子失去了与同龄人交往的机会，从而逐渐失去了对学习的兴趣。他只有以离家出走的方式来逃避让他喘不过气的环境。

1. 压力过大就会引起反弹

生活中，一些家长往往把孩子视为私有财产，寄望于孩子能够出人头地、光宗耀祖，因此不断给孩子加压，或冷言冷语，或棍棒教育，结果非但达不到预期效果，反而让亲子冲突不断。这种高压政策必须被摒弃，家长应该为孩子减轻负担和压力，以更理解和包容的态度来引导孩子的成长。

减轻孩子的精神负担，有利于改善孩子的身心健康，并缓和因家长的高压而导致的亲子矛盾，重新将孩子关注的重点转移到学习上来。

叛逆期的孩子各方面都希望独立，喜欢尝试一些没有做过的事情。如果家长对叛逆期的孩子依然采用高压政策来管教，必然会促使孩子更加叛逆。家长应做一个懂得孩子需要的家长，多注意孩子的心理活动和变化，适当地放松对孩子的管教，合理引导，使孩子的压力得到良好的疏导和化解。

2. 对孩子的管教和督促要适度

常言道：爱之深，责之切。现代社会的发展让传统的"严管式"家庭教育失去了效用，这样的教育方式会让孩子落后于时代。家长应该解开套在孩子身上的枷锁，把孩子应有的权利还给他们。具有权利意识的孩子，走入社会后也将更有作为。

代沟冲突，以正确的方法去化解

在一个亲子论坛上，一位爸爸说出了自己的教子困惑：

依依是一个正在上初二的女生。她最喜欢听周杰伦的歌，经常一边哼唱一边手舞足蹈。在家的时候，妈妈一听她唱歌，就会皱着眉头说："这唱的都是什么呀？一个字都听不清！"

刚开始时，依依会告诉妈妈："这是周杰伦自编自唱的歌，他是个大才子，写的歌又好听又有意义，我最喜欢他了！"

可妈妈就会说："吐字都吐不清，好听什么呀？"

依依听不得妈妈说自己偶像的坏话，就会说："您真是落伍了，我跟您没法沟通！"

暑假时，家住秦皇岛的姨妈来依依家做客，给她带了很多漂亮的贝壳项链、手链等饰品。依依非常开心，当天晚上，她在一篇作文中记录了自己的心情：暑假到咯，姨妈送偶（我）好多好东东（东西），都系偶（是我）非常稀饭（喜欢）的，姨妈酱紫（这样子）贴心，偶

（我）好耐（爱）她呀！

当妈妈看到依依写的这段话时，反复看了三遍也没搞明白她到底说的是什么。她苦笑着对依依的姨妈说："现在的孩子想法太独特，理解不了，真是有代沟了！"

依依的妈妈感觉自己理解不了女儿，因为女儿喜欢的歌曲她不爱听，女儿写的作文她看不懂。同样，依依也有和妈妈一样的感受，在她眼里，妈妈的观念落后，自己无法与之沟通。依依和妈妈这种相互不理解的情况在初中生和家长之间很常见，这就是人们常说的"代沟"。

看到这个例子，也许有的家长会感到非常熟悉，好像自己也正经历着类似的情况，而且还会像这位妈妈一样不解：我和女儿之间到底出了什么问题？

青春叛逆现象和代沟问题让很多家长苦恼，不知道怎么应对孩子的反叛；很多孩子也因此痛苦，不知道怎样才能处理好和家人的关系。家长的苦恼，是觉得对孩子辛苦的付出却得不到应有的尊重和回报；孩子的痛苦，在于当自己有想法的时候，总得不到家长的理解和支持。

对于孩子的成长，家长大都有这样的经历：孩童时代，是最可爱的时候；小朋友什么都依靠家长，走路也要拉着家长的手才安心，喜欢依偎在家长的怀里感受关爱。可是，到了叛逆期，孩子慢慢有了自己的主见和对问题的看法。如果再大一点，孩子甚至很难沟通，油盐不进，家长往往希望孩子能够按照他们的期望行事，但孩子却偏偏反其道而行之。如果处理不好，还会引发激烈的家庭冲突和矛盾。有些孩子可能会离家出走，甚至走入歧途。

代沟必然存在，家长所能做的是努力把代沟填平。

1. 与时俱进，主动寻找共同语言

代沟，说穿了，实质是子女超前，家长滞后。生活中的方方面面，都体现出了这种差异：叛逆期的孩子喜欢前卫时尚的打扮，可家长却把这种穿着视为不伦不类；叛逆期的孩子烫发、染发，家长却认为这是坏孩子的行径；叛逆期的孩子狂热追星，家长却认为其不务正业。

事实上，打扮前卫、追星等都是当下叛逆期孩子的生活方式，是现代社会发展的产物，然而家长却还活在过去的观念中，固守着原有的生活模式。所以，在世俗与前卫的摩擦中产生火花成了必然。要想与叛逆期的孩子沟通顺畅，家长唯一可做的是：加快自身与时俱进的步伐，与孩子同步成长，从而日益缩小两者之间的心理鸿沟。

2. 平行交谈，增加与孩子共事的机会

代沟的形成除了家长落后之外，更为关键的是，家长并没有给孩子和自己提供互相了解的机会。

亲子之间缺乏沟通，代沟就会形成。所以，在生活中，家长再忙，也要试着去了解孩子，并给予孩子了解自己的机会。

很多家长提出了这样一个问题："我也想跟女儿沟通，可是她好像总是躲着我们，这怎么沟通呀？"是的，孩子进入叛逆期之后，不再像小时候那样离不开家长，甚至有意躲着家长。遇到这种情况，有一个很好的方

法——平行交谈法。这种方法是由美国心理治疗师罗恩·塔菲尔提出的，意思是家长与子女一面一起做些家务，一面交谈，重点放在家务活动上。这种方式轻松、亲切、自然，更容易被孩子接受，便于孩子抒发自己的感情。

事实上，让叛逆期的孩子坐下来与家长进行正式的交谈，会让孩子感觉很不自然，而采用平行交谈这种非面对面的谈话方式，比如，一起吃晚餐、做家务、看电影、去书店选书……边做边聊，往往能得到孩子强烈的回应，还能成为孩子最美好的回忆。让孩子感到轻松自在，敞开心扉，是一种与孩子进行思想、感情交流的好方法。因此，家长无论平时有多忙，都应留意一下孩子的动向，常与孩子交谈，不要总以教育者的姿态出现在孩子面前。

平等相待，让孩子从对着干到愉快合作

在家庭生活中，很多孩子正遭受着不平等的对待。"快去写作业"这样带有命令口吻的话语经常从家长的口中说出，"你不能""你要""你应该"等这样的词语也常常挂在家长的嘴边。一些家长认为，孩子还小，理应对家长言听计从，这样才能少走弯路。这样的家长在与孩子相处的过程中，无法做到与孩子平等相处，常常在无形中伤害了孩子。

明明一家要搬新家了，爸爸妈妈正在为装修的事情忙前忙后。明明也常听到爸爸妈妈为了一件小事，比如地板要什么颜色、吊灯要什么样式的等讨论得不亦乐乎。

"孩子他爸，我们忙活了这么多天，装修终于差不多了，接下来就看东西都往哪里摆了。"妈妈对爸爸说。

"太好了，马上就能住进来了！爸爸妈妈，辛苦了！"明明兴奋地插话道。

"是啊，爸爸妈妈这么辛苦，还不是为了你呀？所以你更得在学习上加把劲儿才行。"妈妈说。明明一听就不高兴了，觉得妈妈又在变着法儿给自己施压了。

妈妈接着说："他爸，你说，电脑桌是放在书房，还是放在咱们卧室呢？"

"当然是要放在书房啦，这样大家上网都方便嘛！"明明急着说，就怕爸爸妈妈把电脑放在卧室，以后他进出就不方便了。

"大人说话，你插什么嘴啊？别以为我不知道你打什么小算盘！放书房，你就能偷偷溜进去上网了吧？"妈妈说。

"不是，我是怕放在卧室影响你们休息，电脑还有辐射呢！"明明急忙解释道。

"瞎说什么，哪有那么大辐射啊？快去写你的作业去！"妈妈完全不理会明明的话。

"那既然这样，还是放卧室吧。这样孩子能少玩点儿游戏。"爸爸最后发话了。

明明只好悻悻地写作业去了，心里暗暗发誓，以后再也不多话了。

明明在这个家里是没有发言权的，他的话根本得不到家长的重视。明明积极地建言献策，反而招来了妈妈的斥责，在家长面前，得不到家长的平等对待，这深深伤害了明明。

很多家长俨然是孩子的教练，把自己的爱化成功利的目标，虽然他们心底里也爱孩子，但是他们的爱却害了孩子，因为他们不懂得尊重孩子。

家长能够与孩子平等相处是非常重要的。孩子在成长，家长的教育观念也要改进，强权命令式的教育不可取。对孩子的爱，要建立在保护其权益的基础上，家长要放低姿态，更要注重家庭成员之间的平等，建立良好的交流氛围。家长只有尊重孩子、信任孩子、与孩子平等相处，才能建立起与孩子平等交流的平台，从而更好地了解孩子、教育孩子。

1. 放下家长的架子，尊重孩子

这是与孩子平等相处的前提。家长在与孩子相处时，态度要真诚，不要以长者自居，对孩子呼来喝去，摆出一副教训的姿态。当孩子发表自己的意见时，家长不要打断，而是在恰当的时机，慢慢引导。除了听孩子说，家长还应该鼓励孩子说，和孩子进行朋友式的交流。许多家长和孩子交谈时缺乏足够的耐心，对孩子的话置之不理，或者因为孩子不成熟的一两句话就大动肝火，这样，孩子就会觉得自尊心受到伤害。在交谈中，家长能够和孩子自由讨论，允许孩子表达各种不同的见解，这才是真正地对孩子好。

2. 家长应该成为孩子的朋友

高明的家长会把自己定位为孩子的朋友，而不是以长者自居命令孩子。要知道，即使很平常的催促，也会给孩子造成很大的压力。尤其是对孩子的学习，家长担心孩子考不上重点高中，考不上大学，直接影响前程，于是见不得孩子偷懒，见到孩子在玩，就会督促他学习，导致孩子内心的压抑和不满。其实，只要孩子努力，每天都有进步，家长不必时刻盯着他。即使孩子不优秀，也没关系，因为成为孩子的朋友才是做家长最大的成功。

家长要学会征求孩子的意见，比如家长可以和孩子探讨家里的事情，让孩子参与到家庭事务中来，鼓励孩子说出自己的想法，适当听取并采纳孩子的合理化建议，孩子就会感受到来自家长的尊重，愿意和家长做朋友。给孩子做事的自由，让孩子做力所能及的事情。如果孩子出现错误，家长应该站在孩子的立场上帮他分析，而不应该站在大人的立场上来判断对与错。

与孩子做朋友的家长，能够理智地对待并尊重孩子的个性，他们不会以不信任和怀疑的态度让孩子感到委屈，而是走进孩子心灵深处，尽量从孩子的角度考虑问题，听孩子的心里话，做孩子的良师益友。他们会欣赏孩子的优点，给予激励，并适度地表达自己的感受。

3. 家庭教育的平等应该是相互的

尊重孩子，与孩子平等地交流、相处，这是我们所提倡的，但在现实生活中，平等常常被扭曲，有些家长过分地呵护孩子，对孩子有求必应，孩子成了家里的"小皇帝""小公主"，家长的良苦用心反而造成了教育上的反效果。这就要求家长在平时的生活中应该有自己的原则和底线，不能总是跟着孩子的要求走。平等相处不能成为溺爱孩子的借口。

每个人都希望被尊重、肯定和认同，孩子也是一样，当他感受到来自家长的诚意时，便会对自己更有信心，愿意敞开心扉，与家长像朋友一样相处。尊重孩子、爱孩子、关心孩子、信任孩子，而不是去监督、监视，让孩子感到自己是家庭中的一员。如果家长能够很好地将这一理念运用到日常生活中，就会发现叛逆期的孩子其实也不是那么难管教。

避开"三条高压线"和"两个陷阱"

心理学认为，在叛逆期，人的自我意识不断增强，开始寻找独立的自我，喜欢按照自己的想法做事。

很多家长感觉到，孩子进入叛逆期后，平日里看上去不错的亲子关系不知道是哪里出了故障，不能顺畅地运转了，孩子变得不听话了，喜欢跟自己唱反调。当孩子进入叛逆期时，家长也大多进入了40岁左右的中年期。这个时期的父母与子女不和，是很多家庭中存在的问题，严重者甚至发展成冲突、打斗，最后亲子关系出现难以修复的裂痕。

为了教育叛逆的孩子，家长先是批评、斥责，甚至采用暴力手段，结果各种手段用尽，却一无所获。他们最终会变得无可奈何，感到束手无策。

作为两个女孩的妈妈，金铃觉得自己已经做到最好了，可是这并不意味着她与女儿之间没有战争。大女儿性格独立，做事情总是先斩后奏，近来大有"自立为王"的意思，好像忘了自己还得从她这个妈妈手中要吃、要喝、要零花钱；小女儿乖巧可爱，碰到关键问题嘴巴就变成了复读机，不管回答什么问题都是一句："我的好妈妈，这个问题不用您操心！"一个是公然反抗，一个是柔中带刚，急得金铃近来开始失眠，再看到她们两个的成绩单和年级排名表，大冬天更是急出一身汗来！金铃觉得自己就像一个气球，已经濒临爆炸的临界点了。

与金铃相比，杨燕更头疼。她的儿子从小就调皮，从小学六年级起，就渐渐展现出男孩子独有的叛逆期特质——凸显自我，以反抗家长的意见来表达自我，上了初中尤其明显。不论夫妻俩多么用心地耐着性子、尽最大可能和他"和平共处"，儿子"软硬不吃"。杨燕很苦恼，她明明想平心静气地跟孩子好好谈一谈，可是一看到儿子那特立独行的神态，好脾气一下子就没了。"像个疯子一样"，杨燕如此形容自己发火的样子。

　　一向温柔安静的王宁最近变得越来越焦躁不安、郁郁寡欢，她怎么都想不明白：一个原本常常要我搂搂抱抱的乖宝贝，怎么一下子变成了陌生人？连每天的招呼都像白开水一样淡而无味。这位42岁的妈妈很伤心：到底是孩子有问题，还是我自己的问题？难道我已经到了更年期？

　　上述案例说白了就是"叛逆期"与"更年期"的碰撞。叛逆期与更年期都属于生命过程中不稳定的阶段。前者处在生理上的成长期，后者则处在衰退期。

　　孩子进入叛逆期后，一方面想从家长的权威中挣脱出来，不像儿童时期那样依赖家长；另一方面，又对家长存在物质与精神上的依赖。这种矛盾对立的情绪会使孩子缺乏爱和安全感。同时，孩子可能会出现精力过剩的情况，这通常会导致心理上的攻击性增强。如果他们在学习与社交方面比较顺利，没有遭遇什么挫折，心理的负面情绪较少，则这种矛盾和攻击性容易得到化解。相反，当孩子遭受挫折时，缺乏自信，攻击性得不到化解，就需要发泄的对象，而最容易成为发泄对象的就是与他朝夕相伴的家长。

　　一位女士和她女儿的关系在这种"非常时期"也碰撞了相当长的一段时间。但现在亲密得像姐妹一样，母女之间还有很多连孩子的爸爸都不知道的秘密。她的秘诀其实很简单，就是十几年以来，都把女儿当成朋友，用行动表示你爱她。面对变化迅猛的叛逆期孩子，家长的教育方法也要改变，不能用以前的方法来教育不断变化的孩子。

同时，要避开叛逆期孩子成长的底线，即"三条高压线"和"两个陷阱"。

1. 避开叛逆期孩子的"三条高压线"

对叛逆期的孩子，有"三条高压线"是家长不能触碰的。所谓"高压线"，是家长在对子女的家庭教育中绝对不能触碰的，一旦触碰，可能会引发严重后果。

第一条高压线：忽略孩子的存在。太多的家长没有耐心听孩子说话，总是把叛逆期的孩子与过去的小孩一视同仁，伤害了孩子的自尊心。

第二条高压线：破坏性的批评。用破坏性的批评培养出来的孩子，都具有消极的心态，其自尊心和自信心被无情扼杀。一些家长错误地认为批评是为了孩子好，可以激发孩子成长的动力，却不知错误的批评扼杀了孩子成长的动力。批评需要采用建设性的批评，即正向批评。

第三条高压线：强迫。在教育孩子的问题上，家长不顾孩子的意愿，将自己的意愿强加给孩子，强迫孩子做事情，无疑会对孩子的心理造成打击，会扼杀孩子的主动进取精神、学习兴趣。失去自由和选择权利的孩子怎么可能有快乐的心态呢？

2. 家庭教育的"两个陷阱"

教育叛逆期的孩子，既简单又复杂，在找到最佳方案之前，首先要避免两个"陷阱"。

第一个陷阱：有条件的爱。作为家长，有着无私的爱，但很多时候，家长对孩子的爱却是有条件的，如要求孩子做出相应的行为或取得相应的成绩，然后再给予孩子相应的物质条件，看似合理，但家长与孩子成了"生意"关系。这种做法成了有条件的爱，让孩子感到特别反感。因此，很多孩子都不敢轻易接受家长过多的给予，因为害怕"还不起"。有条件的爱会极大地伤害孩子的自尊心，是爱的"伪造品"。

第二个陷阱："输不起"的心态。在很多家长看来，孩子是无可替代的，所以应该给他最好的，生怕他受一点儿委屈。在这种家庭中成长起来的孩子根本无力解决任何问题。有的家长说："我真的输不起了！""我就这一个孩子，如果出去学坏了怎么办？"当家长被这种"输不起"的心态支配时，其实就已经输了。因为家长是站在错误的角度看孩子，对孩子缺乏信任，会让孩子非常反感，进而导致孩子的自尊、自信、责任感和主动进取精神被迅速地削弱甚至摧毁。

处理与叛逆期孩子的关系时，家长首先要记住，生命只有一次，很多事情可以重来，所以要让孩子自己去做，即使失败了，也可以帮助他们重做。和孩子在一起，少用命令、权威的口吻，要用商量的语气，让孩子体会到家长对他的信任、爱、平等和适度的尊重。这样可以使孩子更容易接受，从而真正达到教育孩子的目的。

青蛙效应：让孩子远离舒适区

曾经有人做过这样一个实验：抓了两只青蛙，把一只青蛙直接放进滚烫的热水里，由于它对不舒适环境的反应十分敏感，就会迅速地跳出锅外。把另一只青蛙放进冷水锅里，慢慢地加温，青蛙刚开始还优哉游哉地在水里游来游去，等到水温逐渐升高，变得滚烫的时候，再跳已经来不及了。人们把这种现象称之为"青蛙效应"。

在孩子的成长过程中，"舒适区"常被视作一个安全地带，但过分依赖它却可能带来诸多不利影响。家长要引导孩子走出这个区域，探索更广阔的世界。

首先，孩子长期待在舒适区，会限制其能力的发展。舒适区意味着熟悉和安全，但同样也代表着缺乏挑战和成长。孩子可能会错过学习新技能、克服新困难的机会，从而导致潜能得不到充分发挥。

其次，过度的舒适会导致孩子适应能力的下降。在舒适区内，孩子习惯于一成不变的环境和节奏，一旦面临变化，他们可能会感到无助和恐慌，缺乏应对新情况的能力。

再者，舒适区会阻碍孩子独立性的培养。依赖于熟悉的环境和他人的帮助，孩子可能无法学会独立思考和解决问题。

最后，长期处于舒适区可能影响孩子的社交技能。与不同背景的人交流需要勇气和适应力，如果孩子总是回避这种情况，将无法充分发展自己的社交能力。

家长可以通过以下方法帮助孩子走出舒适区：

1. 设立目标和挑战

鼓励孩子设定具体目标，并为之努力。家长可以与孩子一起制订计划，逐步增加挑战的难度。

2. 培养成长心态

让孩子相信通过努力可以不断进步，强调学习过程比结果更重要，鼓励他们在面对困难时保持积极的态度。

3. 提供支持和鼓励

在孩子尝试新事物时，家长应提供必要的支持和鼓励，让他们知道家是他们安全的后盾。

4. 以身作则

家长自身也要不断学习和尝试新事物，通过自己的行为为孩子树立积极榜样。

5. 参与社交活动

鼓励孩子参加各种社交活动，如社团、兴趣小组等，让他们有机会与不同背景的人交流。

6. 正确看待失败

教育孩子正确看待失败，将其视为学习和成长的机会，而不是成功的终结。

7. 定期反思和调整

与孩子一起定期反思他们的成长过程，根据他们的发展情况调整教育策略。

"艰难困苦，玉汝于成。"只有让孩子远离舒适区，才能帮助孩子养成坚强的意志和品格，将来才能更好地融入社会，成就一番事业。

第六章

用和谐亲子关系化解孩子的叛逆

　　和谐的亲子关系胜过万般教育。和谐的亲子关系可以很好地化解孩子的叛逆，

还可以养成孩子阳光的心态。对于叛逆期的孩子，反面教育不如正面引导。例如，

积极和孩子进行沟通，以朋友的身份与孩子沟通，尊重孩子作为一个独立的个体，

这样可以和孩子建立良好的亲子关系，还能有效预防孩子逆反心理的产生。

让孩子感受家的爱和温暖

环境在一个人的成长中发挥着重要的作用，良好的环境为孩子形成正确思想和优秀人格奠定良好的基础。

每个孩子都有一个家，家是孩子最温暖的栖息地。家庭环境氛围是孩子成长的支柱。家庭环境的好坏，直接影响到孩子能否健康成长。这里的"好"并不是单指家庭创造的物质生活，还包括家长的家教好、家风好。在良好的家庭环境中，家长和孩子之间是温暖、稳定、充满爱和关注的。这样孩子才能获得安全感，才能勇于探索世界。

家庭环境对叛逆期的孩子来说，至关重要。在和睦、家长恩爱的家庭环境中，孩子会过着幸福快乐、无忧无虑的生活，孩子的情商也往往会高于来自不和睦家庭的孩子。但如果家长感情不和，经常拌嘴吵架，家庭气氛紧张，甚或把孩子当作出气筒，势必导致孩子内心饱受煎熬、精神压抑、苦闷、迷茫、忧郁、自卑，形成消极孤僻的性格，对学习失去热情，甚至悲观厌世。

蒙蒙是家里的独生女，按说应该很幸福。可她却说："我天天身处在折磨之中。"因为蒙蒙的爸爸妈妈几乎每天都在吵架。她小的时候，看到爸爸妈妈吵架就会跑到爷爷奶奶家里去，说自己很害怕；再大点的时候，会劝说爸爸妈妈别吵了，然而爸爸妈妈并不听她的。虽然事后妈妈会抱着她哭诉，向她道歉，然而过不了多久，他们还是大吵不止。

　　有一次，蒙蒙实在没有办法，竟然在爸爸妈妈吵架的时候拨打了110，这让家长很惊讶，后来稍有收敛。可以说，蒙蒙是伴随着家长的争吵声长大的。当她14岁的时候，简直无法忍受这个家庭了。有一天，当爸爸妈妈再一次吵架的时候，她说："好吧，你们吵吧，反正我也习惯了，你们再吵，我就不吃饭不上学了，你们选择吧。"说完冲进了自己的房间。爸爸妈妈一下子呆住了，不说话了。

孩子的健康成长需要充满爱与温馨的家庭环境，家庭成员和谐、融洽，会让孩子从家庭中获得安全感，乐于接受教育，并愿意将这种幸福感传递给他人。

跟孩子做亲密无间的伙伴

　　即使是最优秀的家长也会与自己叛逆期的孩子发生摩擦。一位女士抱怨，自己的女儿都17岁了，在家里跟自己根本没什么好聊的，而且说一两句话就会吵起来，但是孩子在跟自己的同学相处时却融洽得多，孩子有些话宁愿跟同学讲，也不愿意跟自己的妈妈讲。这位女士情绪十分失落。

　　这位女士谈到的问题比较普遍。其实问题主要还是在家长这方面。因为孩子到了叛逆期，希望挣脱家长的怀抱，这种挣脱是家长不习惯的。但当家长不接纳他们的行为时，孩子可能会选择反抗，并做出不理性的行为。其实这是孩子长大的一个信号，是孩子要往成人转折的一个信号，是值得欣喜的事情。

对于叛逆期的孩子，家长如何处理好彼此的关系？这个问题，要通过理解，通过沟通来解决。但是如果家长和孩子都处于情绪中的话，沟通是很难实现的。

家长与孩子的关系问题包括：自主性与依恋问题、亲子冲突问题。先说说自主性和依恋。孩子寻求独立，摆脱对家长的依附的行为可能会使家长陷入困惑和气愤之中。有时家长可能还会设法加强对孩子的控制。他们无法理解孩子渴望独立的心情。而孩子对独立的渴望和对行为的控制能力取决于家长的反应。

对于渴望获得独立的孩子，明智的家长会选在适当的时候放松对孩子的约束，而在孩子缺少相关经验时，为孩子提供适当的指导，引导孩子做出合理的决定。尽管孩子渴望获得独立，但是和家长的依附关系仍然很重要。与那些和家长关系疏远的孩子相比，与家长保持亲密依附关系的孩子更容易和同龄人发展亲密关系。

面对处于叛逆期的孩子，亲子关系的平衡确实难以把握。关系太亲密了，怕产生溺爱；关系疏远了，又担心孩子抱怨。

充满爱与温暖的亲子关系本身就是优质的教育，对叛逆期的孩子的发展至关重要。良好的亲子关系是指家长与孩子之间人格平等、互相尊重、相互理解、相互信任，能促进孩子在成长中获得良好的人生观、价值观，培育出健全的人格。因此，要想将叛逆期的孩子培养成为优秀的人，首先必须考虑与孩子建立良好的亲子关系。

1. 家长与孩子是平等的

这里的平等，是指家长和孩子在思想、意识上的平等，不是家长高高在上，或一味溺爱；不是一方对另一方的处处顺从；不是给孩子戴上爱的枷锁，让孩子毫无自由。

家长是孩子血缘关系上最亲的人，但这并不代表家长就是孩子最贴心、心理距离最近的人。家长要想做孩子亲密无间的伙伴，真正成为孩子的贴心人，就要成为孩子知心的朋友。

2. 消除亲子沟通的障碍

亲子间未能进行有效沟通是亲子关系疏远的重要原因之一，若想与孩子建立起有效的沟通桥梁就要消除存在于彼此间的障碍。阻碍亲子沟通的因素主要有四种：

一是认识上的分歧。家长喜欢由现在联系过去，孩子喜欢由现在看到将来；家长眼中的生活是单一的，孩子的要求是多样的。

二是观念上的差异。家长或多或少有家长制的陈旧观念，要求孩子服从、听话；而孩子独立意识增强，要求被当作大人，受到尊重。

三是心理上的差距。在家长心中孩子始终是孩子，需要家长呵护，为他们拿主意；而孩子步入叛逆期后，心理具有独立性、闭锁性的特点。

四是方法上的失误。不重视了解孩子，教育无的放矢；只重结果，不重视过程，延误教育时机；只盯问题，不善赏识，挫伤孩子的自尊心和积极性；简单、粗暴的教育方法，破坏亲子关系。

3. 优化亲子关系

优化亲子关系，家长要抓好这样几个环节：

（一）摆正位子。家长要把孩子看成和自己一样有独立人格的人，尊重孩子，既当家长，又当孩子的朋友。

（二）找准时机。在孩子有困惑、苦闷、失落，渴望从中解脱时，孩子遇到困难、挫折，甚至失败，希望得到外援时，家长能主动地、真诚地、设身处地地询问、关心、帮助。

（三）讲究方法。在理解孩子的前提下，审视孩子的表现，从而采取相对的教育策略，提供沟通的时间和空间，形成一套合理的制度。比如每周开一次家庭民主生活会，充分利用饭后散步、外出旅游等机会与孩子交流思想……

（四）营造环境。家庭的人际关系是民主、和谐的；交往是真诚、热烈的；谈心时要有恬静、温馨的氛围，使孩子感受到家庭到处是真、是情、是爱，无须设防。这样，两代人的心就会在不知不觉中亲近了。

引导孩子换位思考理解家长

我们都渴望被别人理解，可是，理解是相互的，在我们需要别人的理解时，我们做到真诚地理解别人了吗？我们是否设身处地为别人着想过？恐怕没有几个人能问心无愧地说，我能做到替别人着想，在朋友需要我的理解的时候，我能够换位思考，帮朋友排忧解难。

为什么会这样呢？究其根源，是我们没有接受过理解他人的教育。

现在的孩子每天被家长的爱包围着，他们一切都只为自己着想，只希望家长和其他人能理解自己，却从来没有想过自己也要理解别人。很多孩子不管家长挣钱多辛苦，一心要买自己喜欢的东西；很多孩子，从来都认为自己是对的，听不进去别人的劝告；还有很多孩子，当有人无意冒犯了他时，他就会不依不饶，绝对不会去想别人为什么这样做……

这些孩子不懂得换位思考，不能做到通情达理，和家长的教育有很大关系。家长平时对孩子的纵容和迁就，往往就会强化孩子的任性和"独大"的心理，导致孩子不在意别人的感受，以自我为中心，缺乏同理心，只知索取，不知付出。因此，家长要对自己的孩子负责任，就应教会孩子尊重他人，真诚地理解他人，培养孩子的宽容心，这样的孩子才能处处受到欢迎。

王老师在给学生批改作文的时候，读到这样一篇文章：敬爱的王老师，希望您不要让我妈妈和我一起上学了，说句心里话，妈妈为此付出了太多：妈妈天天有洗不完的衣服；中午哥哥回来前妈妈要把饭做好；到了下午妈妈也要早点做饭；爸爸要从早上7点上班到晚上11点才回来，妈妈还要去接爸爸，回来给爸爸做饭……我保证我再也不调皮了……

当王老师读到这里的时候，流下了泪水，孩子终于能理解家长的苦心了。事情的经过是这样的：这位同学的名字叫王兴，是一名初一的学生，调皮捣蛋，成绩在班上是倒数。那次，他在学校又打伤了几个同学，作为班主任的王老师只好把孩子的妈妈请到了学校，陪读管孩子。为了能让孩子继续留校读书，从当日下午起，这位妈妈便开始了自己的"陪读"生涯，每天家里和学校来回跑，妈妈为此痛苦不堪，王兴看在眼里疼在心上。于是，他偷偷给王老师写了一封信，求老师不要再让妈妈为自己陪读了……

从此，这名叫王兴的初一学生好像换了一个人，他开始认真学习，开始想对妈妈好，开始感激老师……

可怜天下父母心，家长无论自己多辛苦，都希望孩子能成人成才。可事实上又有几个孩子能理解家长的苦心呢？尤其是当他们进入中学后，言行的独立性和自主性逐渐增强，更是处处与家长对着干，有些孩子总是抱怨家长不理解自己。

有些家长认为，孩子进入中学，就长大了，孩子在初中三年、高中三年的主要任务就是学习，自己终于可以松一口气了。事实上并非如此。初中、高中阶段，孩子身心发展将出现巨变，如果未能受到良好的引导和教育，很可能误入歧途。孩子不理解家长，就是一个问题出现的征兆。家长一定要重视叛逆期孩子的引导和教育。但对于孩子不理解家长这一问题也不必过于担心，因为这并不能说明孩子就此变坏了，而是叛逆期孩子在身心成长过程中的正常现象。孩子逆反心理强，爱跟家长对着干，事后，孩子心里也过意不去，觉得对不起家长。孩子为什么会这样呢？搞清原因，孩子才能试着理解家长，和家长和谐相处。孩子的成长是有规律的，孩子的心理是不断发展的，孩子是千差万别的，但是教育的原理却是相同的，那就是要根据孩子的心理特点来进行培养。家长该怎样让孩子理解自己呢？

1. 主动去体察、关心、理解孩子，让孩子理解家长的关爱

家长是孩子永远的牵挂。进入叛逆期的孩子，由于活动天地突然变得广阔，学到的知识更丰富，与外界的接触范围扩大了，获取的信息大大增加，家长已经不再是他们唯一的学习对象。孩子开始有了自己的思维模式和行为风范，有了自己判断的标准。而且，对于缺乏教育叛逆期孩子的经验的家长来说，也不一定有正确的教育方法，但每个家长都希望孩子能健康成长，顺利成才。因此，如果家长能给孩子更多的理解，孩子也能理解家长一点点，家庭就将充满爱与温馨。

2. 教导孩子学会换位思考

叛逆期的孩子还没有完全学会共情，不能设身处地地理解别人的感受。不要觉得大人从小就教育孩子将心比心、设身处地地理解他人，孩子就能获得这项能力。家长要教导孩子学会换位思考，家长应该告诉孩子：当你们要求"理解万岁"时候，有没有想过，家长也是需要理解的，理解是双向的。你希望别人能认同、理解你，那别人也需要你理解。理解他人，你才能做到体贴他人，可如果他人的难处你不能理解，他人又如何理

解你呢？

3. 用真实事例感化孩子

家长对孩子的关爱都是发自内心的，作为家长，可以用学习、生活中的真实事例来劝导孩子，帮助孩子理解家长。但家长在做这些教育工作时，一定要放低姿态，言辞诚恳地与孩子交谈，才能起到应有的效果。

挽救"生病"的亲子关系

家长在与叛逆期的孩子相处时，难免会遇到很多问题，这时家长不要偏激，不要采用强迫或者放弃的措施，而是要积极应对，使一些小"伎俩"、小"计谋"，让"生病"的亲子关系重新焕发生机。有摩擦是难免的，发生争执也是正常的，只要家长肯积极面对，孩子与家长一定可以成为好朋友。

近年来，一些未成年人，尤其是不满14岁的孩子，危害社会甚至走上犯罪道路的事情频繁见诸报端。那些原本青春靓丽的孩子，有的成为"问题"少年，有的走上犯罪道路，其背后原因复杂，但其中有一个原因就是，他们中绝大多数都和家长的关系不好，他们的家长冷漠、粗暴，对孩子缺乏理解和关爱，孩子在家庭中感受不到温暖和支持。中国青少年研究中心调查发现，许多"问题"少年的产生，都是由于缺乏支持性的人际关系，特别是内心世界缺少稳固而又积极的人际关系的支持，其中最突出的一点就是缺乏良好的亲子关系。

家长整天忙于事业，努力打拼，为的就是通过自己的努力让家人过得更好，让家更温暖、幸福。孩子即便叛逆，家和家长仍在他们心目中占据着最重要的地位。

但倘若亲子关系"生病"了，孩子根本不会在乎家长的感受，家长越希望孩子怎样，孩子就越叛逆，越会与家长背道而驰。他不会为了让家长高兴而积极进取，也不在乎自暴自弃后家长如何痛苦。其实这并不能怪孩子，亲子关系不好，孩子的内心就缺乏安全感，没有精神支柱，他不知道为什么努力，他对什么都不在乎。有多少孩子就是因为得不到家庭的温暖和家长的理解，才选择逃离家庭到外面的世界去寻求归属感，最后不慎踏入深渊。

1. 亲子关系远比教育孩子更重要

毫不夸张地说，如果没有良好的亲子关系，家长的话说得再有道理，孩子也不会听，就算家长是教育专家也无济于事。对于孩子来说，家长是他们心中最重要的人，是他们的"天"，亲子关系不好，对孩子的人格发展是破坏性的。亲子关系不好，家庭教育注定会失败。

常言道，家长"通情达理"，情感通畅了，理才能达，情不通，再正确的道理也不能被孩子接纳。亲子关系好，孩子内心才会有安全感、幸福感，心理才能健康发展。然而，许多家长都是把孩子的教育放在第一位，过于重视教育，急于培养孩子的知识、技能和特长，却忽视了亲子关系。

而良好的亲子关系，会让教育的效果事半功倍。因此，家长在抓教育之前，首先要建立良好的亲子关系。

2. 共律，让亲子关系更温暖

家长可以采取共律的监督方式处理亲子关系。在孩子自己可以处理好日常事务和承担责任时，理智的家长会逐渐将对孩子的控制权"转让"给孩子自己。这并不是说家长对孩子放任自流了，取而代之的是，家长与孩子采取一种自律的监督方式，在让孩子自主做决定的同时，家长施行全面的、大体上的监督。这种共律的监督方式让家长与孩子形成一种互助的亲子关系，这种给予与获得并举、互相尊重的亲子关系，会让孩子更信任、认可家长。

3. 共情，走进孩子的内心世界

家长往往习惯于对孩子说教，而不懂得与孩子共情。其实很多道理孩子都懂，只是孩子需要家长的抚慰，让情绪发泄出来，心情平静下来，理智才能起作用。家长忽视孩子的感受，不会共情，反而疏远了亲子关系，使孩子感受不到家长的关怀和爱。家长只是立足于自己的主观想法，没有真正理解孩子的问题，有时还表现出不耐烦、反感甚至批评、指责，会伤害孩子的心灵。通过共情建立良好的亲子关系后，家长的教导才会收到预期的效果，而不至于引发孩子的叛逆心理。

德西效应：奖励孩子要恰如其分

　　心理学家爱德华·德西在1971年做了一个专门的实验。他召集了一批大学生充当被试者，在实验室里解有趣的智力难题。实验分三个阶段。在第一阶段，所有的被试者都没有奖励。第二阶段，将被试者分为两组：实验组成员每解答一个难题可获得1美元的报酬，控制组成员跟第一阶段相同，无报酬。第三阶段是休息时间，被试者可以在原地自由活动，并把他们是否继续去解题作为喜爱这项活动的程度指标。 实验结果是：有奖励的实验组成员在第二阶段非常努力，但到了第三阶段只有很少的人继续解题，这表明兴趣与努力的程度在减弱；无奖励的控制组成员在第三阶段有更多人花更多的时间继续解题，这表明兴趣与努力的程度在增强。

　　德西效应表明：当一个人在做一件让自己很愉快的事情的时候，给他提供奖励反而会减少这项活动对他内在的吸引力。在某些时候，当外加报酬和内感报酬兼得的，不但不会使工作的效率提高，积极性提高，反而其效果会降低。

　　人的心理动机分两种：内在动机和外在动机。如果按内在动机去行动，我们就是自己的主人。如果驱使我们的是外在动机，我们就会被外在因素所左右，成为它的奴隶。

　　家长只是孩子的领路人，家长所有的希望和期待如果没有内化为孩子的动力，孩子就无法找到自己的奋斗目标，觉得自己所做的一切都只是在家长的逼迫之下不得已而为之，孩子就会觉得很累，也会对自己所做的事情失去兴趣；或者，孩子只是为了得到某种奖励而做某件事，当有一天这个奖励满足不了孩子的时候，他就会放弃。因此，家长在奖励孩子的时候，要注意方法，不要把孩子本身的学习兴趣变成外在的物质诱惑，损害了孩子的自主性。

1. 奖励得有事实依据

在夸奖孩子的时候，要明确地夸奖。分析孩子的具体行为，表扬孩子的具体优点，而不是泛泛地表扬整个事件。来自家长的夸奖和鼓励对孩子来说有着非比寻常的意义，家长的夸奖表明了对孩子行为方式以及价值观的认可，这也正是孩子要努力进取的方向。家长要对这点重视起来，切不可随意夸奖孩子。夸奖孩子要夸具体、夸细节，不要总是笼统地说"你真棒"。要让孩子知道自己为什么受到了表扬，哪些方面做对了，好在哪。这个过程就是孩子思索和树立正确价值观的过程，切不可随意。

2. 奖励孩子要及时

孩子在做了一件事情之后，总是希望尽快地了解自己所做的这件事情的结果、质量和家长的反映等。好的结果会让孩子觉得满足和愉快，给孩子以鼓励和信心，并继续努力；坏的结果能让孩子看到自己的不足之处，以促进下一次行动的时候专注、改进，以求得好的结果。

家长对孩子良好行为的及时奖励，能够使孩子迅速产生积极的心理反应，对自己获奖的行为记忆深刻。这种奖励多次重复之后能产生积极的动力定型，使这种良好的行为习惯化，并使之发扬光大。因此，对孩子的及时奖励十分重要。

3. 奖励孩子要适度

有些家长在表扬孩子的时候，喜欢抬高自己的孩子，贬低别人的孩子，比如"你比某某要好，某某不如你"，这种做法同样是不可取的。每个人都有自己的优点和缺点，只比别人的缺点，对别人的优点视而不见，容易使孩子变得盲目自信，产生攀比和嫉妒的不良心理，这对孩子的成长非常不利。

奖励孩子，有利于激励孩子，但是奖励一定要讲求方法，要把握它的度。适度的夸奖可以帮助孩子成长，过度的夸奖会影响孩子的成长，家长在教育孩子的时候要特别注意。

4. 奖励形式要多样化

如果只给孩子物质奖励，或者物质奖励过多，对孩子的成长是很不利的。当孩子把注意力更多地集中在得到奖励的东西上时，他就会将良好的行为与奖励挂钩，而不会将良好的行为作为一种习惯、个性予以保持。所以，奖励的多样化是非常重要的，从长远的角度来讲，它能够更好地达到鼓励孩子的目的。同时，随着孩子的不断成长，家长更要注重情感和精神奖励，一定要尽量避免把奖励局限于物质领域，更不要用讨价还价的形式进行。

奖励孩子的最高境界，是要给孩子一些主导权。比如让孩子决定全家周末的活动，选择去哪里玩，选择请谁到家里来做客等，让孩子选择一件自己喜欢做的事情，才是最受孩子欢迎的奖励。同时，这种方法还十分益于孩子多种能力的培养。

5. 以精神奖励为主

人除了物质需要以外，还需要被尊重、被理解以及被认可等多方面的精神需要。因此，家长在选择奖励方式的时候，不妨给孩子多一些精神上的鼓励。比如，当孩子学会骑车的时候，我们可以为孩子高呼加油；当孩子取得好成绩的时候，我们可以鼓励孩子再接再厉。

如果家长在奖励孩子的时候，总是以物质为基础，容易滋长孩子的虚荣心。因此，家长在奖励孩子的时候要尽量以精神为主，培养孩子良好的品德习惯。

第七章

别把孩子调皮当成叛逆

对于大多数家长来说，"调皮"似乎是一个贬义词。一说到自家的孩子调皮，家长总是一副无可奈何的样子：他们在家里登高爬低，翻箱倒柜；他们在学校与同学打架，争抢玩具；他们淘气任性，整天和你对着干；他们胆大妄为，随时都会整出个新花样……

调皮不是叛逆。只要家长换一个角度看待，并给予适当引导，调皮的孩子也可以成为乖孩子。

调皮是孩子的天性

孩子调皮捣蛋好不好？要不要管？对于这个问题，目前在家长当中存在很大的分歧：一种认为，不管就会让孩子过于自由散漫；一种认为，调皮捣蛋是孩子的天性，应该容忍并积极引导。

下面的一场谈话，是对"孩子调皮好不好，要不要管"这一问题的最好解答，相信会给家长某些启发——

一位家长向老师倾诉："我的孩子什么都好，就是好动、好胜、好奇，什么都想弄个明白，什么都想试一试，特别愿意干些别人没干过的事来表现一下自己，越是明令不许动的东西，他的好奇心就会猛增，非动不可，一动就会捅娄子，做出调皮捣蛋的事情来。"

老师并不急着下结论，而是给他列举了当前发生在校园里的一些事例："孩子拆毁了物品，有的老师视为一种探索精神，有的老师视为'败家子'；上课'接茬'，有的老师视为违反纪律，有的老师视为一种积极创新精神；在操场多玩一会儿，有的老师视为不爱学习，有的老师视为一种热爱锻炼的习惯。有的老师对调皮捣蛋的学生经常批评、训斥，甚至通知家长帮助教育；有的老师认为调皮捣蛋是孩子的天性，应给予鼓励，他们毕竟是孩子，缺乏生活经验，做事掌握不好分寸，因此，对待他们的调皮捣蛋应正确评价和积极引导，极力培植他们创新精神的幼芽苗壮成长。"

接着，这位老师进一步分析："两种不同的观点反映出两种不同的教育思想。前一种是'标准件'式的教育方法，把孩子当成工厂的'原材料'，按统一的设计来生产同一种产品，不允许孩子有不同的想法和做法，它要求所有的孩子必须达到一个标准；后一种是创新型的教育方法，它体现了正确评价孩子的教育思想——评价教育：孩子是学校、学习、生活的主人，是不断发展的年轻人，它充分估计孩子的主观能动性和学习的能力，充分估计孩子的发展特点和创新精神。评价教育以鼓励为主，积极引导，在鼓励引导中实施各种教育。评价教育鼓励孩子提出相反的意见和看法，而且还鼓励孩子'胡思乱想'，让孩子创新精神的幼芽茁壮成长。"

总之，家长要明白，调皮是孩子的天性，一方面要顺其自然，另一方面要正确引导，使孩子在成长过程中，既学到知识，又养成良好的品德习惯。

岩岩今年上初中一年级，不知道从什么时候开始，他上课经常走神、不能集中注意力。到后来，他"闲着没事"，干脆在课堂上捉弄同桌。这让老师很生气，责骂了他好几次，却没有一点效果。不得已，老师只好把情况告诉岩岩的家长。这下可坏了，妈妈一回到家就摆出一副要动手的样子，爸爸见状，赶紧予以阻止。妈妈不服，"你怎么这么糊涂？再不管，孩子可就要变坏了。"爸爸笑呵呵地说："孩子捉弄同桌，是因为他好动的天性，还是因为上课走神，我们应该找出原因，而不是一味严管。"

调皮是孩子生长发育过程中必不可少的一个特征。叛逆期孩子身心发育很快，需要多运动，孩子的很多"调皮"现象都是运动的外部表现。从这个意义讲，调皮是孩子的"天性"。而由于孩子缺乏知识和经验，好多事情都不懂，所以他们试图去探索，想搞明白某种现象背后的原因。所以，孩子的调皮也是一种获得知识的途径，而且通过自己探索获得的经验是终身受用的，要比家长直接告诉他答案更好。

另外，随着孩子神经系统的迅速发展，体力和智力的增强，产生了模仿成人各种活动的兴趣。但由于孩子缺乏知识和经验，做父母的要有正确的认识，就是孩子做过头一点，不要张口就骂、伸手就打。不要因孩子好动惹出"乱子"就严加指责，把孩子管得死死的，导致孩子的活动受到不适当的限制。父母正确引导孩子的方法应是，根据孩子的兴趣、爱好，鼓励支持其活动，帮助孩子从小养成爱学习、爱思考、爱劳动的良好习惯。当然，一旦发现孩子做出一些破坏性或不安全的行动，应该耐心地劝说和引导，使孩子懂得为什么不能这样做、怎样做才对。切忌脾气暴躁、不问清原因就打骂孩子。

孩子调皮的原因

有一天下午，甘夏贤老师应邀为一所小学的家长做一场关于家教的报告。报告结束后，一些家长围住她，就一些孩子教育的问题展开了交流。

一位一年级孩子的母亲说:"我和爱人都是文艺工作者,常年出差,因此女儿海燕出生后一直由她奶奶带,我们很少过问。今年孩子上学,考虑到海燕奶奶的身体状况不太好,加之学校离我家近,就把海燕接了回来。"

这位母亲接着说:"海燕和我们同住不到两天,我就感到有些受不了,原因是这孩子实在太淘气了:早晨一睁眼就从一个房间窜到另一个房间,爬到柜子上往床上跳,把闹钟大卸八块,把集邮册里的邮票一张张扯出来,拿着我的口红到处涂鸦,把保姆的裙子套到身上满屋子跳……吃饭时很难让她老实地坐在餐桌旁,睡觉时更是难以把她按在被窝里……海燕一天到晚叫啊跳啊,仿佛有用不完的力气。

"上学不到半个月,学校那边又警报频传。先是保姆去接海燕时,有小朋友告状说海燕揪她的小辫子,海燕抢他的橡皮泥,海燕在他的手上乱画……接着老师把电话打到家里,说海燕特别喜欢说话,上课说,吃饭说;午睡时总骚扰别的小朋友;排队时喜欢一个人在队伍外边乱跑;吃饭时总捣乱,把面条挑出来摆在桌子上,说是量一下面条有多长;喜欢拆玩具,还说要看看里面有什么……

"我就搞不懂,一个女孩子怎么会这么淘气?之后的半年时间,我几乎牺牲了自己的事业,想尽办法联合学校一起来管教海燕。中午她不睡觉就罚站,不好好吃饭就饿她一次,拆坏了东西就不让她看动画片,挑衅别人就逼着她向人家道歉……可结果使我几乎绝望,海燕的淘气就是改不了。甘老师,您说像海燕这样的孩子心理发育正常吗?我们怎样做才能改变现状呢?"

这位年轻的母亲情绪很激动，说到气愤处，几次狠拍双手。若是海燕在身边，那巴掌说不定要落到海燕身上。

显然，调皮、出格的孩子总会惹大人生气。与海燕一样，小琼也不是"省油的灯"。

小琼调皮任性，整天和妈妈对着干，还胆大妄为，随时淘出新花样……

"你真让我受不了了。"小琼的妈妈走进小琼房间，差点以为走错了地方。原来好好的房间，地板上和墙上都沾满了面霜。小琼赶忙抢着说："我在制造一个冬天的场景，这样不好吗？"

显然，这种调皮捣蛋的行为既违反了妈妈"不能在室内乱画"的家规，又浪费了妈妈的面霜，但同时，我们没有理由不认为：这个小家伙确有些与众不同的"大胆设想"。可如果孩子的行为已经在挑战家长的权威，而且可能衍生不良的后果，那就是恶作剧过头了。譬如，明明跟孩子说，浴室门不能扣上，否则锁死了不容易打开。他却偏偏将门锁上，以至于不得不找人开锁才能将他"救"出来。

不过，调皮归调皮，毕竟不是恶劣行径，只要不是经常地出自愤怒、残忍或怀有恶意的、会使人身体受到伤害的行为，家长都应当大度一些、宽容一些。从孩子的成长过程来看，淘气是天生的，它是孩子走向成熟的必要"演出"。

有位儿童心理学家指出，"没有一个孩子不淘气，只有程度不同而已。那些看似挑战、不听话的举动常惹火家长，但这正是孩子聪明的表现。"不管怎样，很多时候，孩子并不是真的不听话，而是因为他们有自己的想法。之所以说调皮的孩子不听话，很有可能只是家长的片面认识。

通常情况下，孩子调皮的原因有以下几方面：

1. 认知能力低下的淘气行为

幼儿期的孩子不会辨别是非，他们以为一切的东西都属于自己。所以，在一个幼儿聚集的地方，除非没有玩具，否则抢玩具是必然的。孩子不了解别人的思想、感觉，根本不管大人的叮嘱及道理。孩子认知能力不足，所以常常出现固执的行为，例如孩子正在吃他最爱的瘦肉粥，别人拿走了，放进另一个碗内再给他吃，他会认为这碗粥和刚才正在吃的粥不一样而拒绝吃……不过，这些不明事理的情形一般会在孩子5岁左右消失。

2. 好奇心驱使的淘气行为

在好奇心的驱使下，孩子往往爱到处乱跑，看见什么都想摸一摸；对什么问题都爱问个"为什么"；看到同伴有些新奇的举动，也爱偷偷模仿。这些行为被很多家长认为是捣蛋行为。

3. 恶作剧式的淘气行为

有些孩子了解到，他可以从一些捣蛋、恶作剧的行为中获得乐趣，如，有些孩子会拿蚯蚓放到姐姐桌上，吓得姐姐哇哇叫，他则在旁边乐不可支。这种行为家长看到后，必须提醒孩子不可取。

4. 挑战成人权威的淘气行为

孩子常以新点子、调皮捣蛋的做法显示自己比大人强，尤其当家长不在时，他可能将一个一个汽车模型用强力胶黏在一起，自制火车，也可能将家长心爱的大衣或外套拿出来，做成露营帐篷。此时，如果家长严厉处罚，很可能就会扼杀孩子的独立思考能力。

5. 不正确教育方法引发的淘气行为

有的家长过于顺从孩子，孩子自然把家长的话当作耳边风；还有的家长给孩子提出的要求过高，并且违背孩子的兴趣和愿望，孩子不愿意照着做也属正常。

总之，孩子调皮都是有原因的，只有当父母了解了这些原因后，才能有针对性地给予引导。

挖掘调皮孩子的潜能

对于调皮的孩子，家长不能只看到缺点而忽视闪光点。其实，每个孩子都有多方面的潜能，需要家长努力去发现。要知道，只有家长耐心指导和挖掘，孩子的调皮才会被很好地开发，转而成为一种获得知识和经验的途径。

1. 动手能力

轩轩很喜欢干家务，每次，妈妈动手包饺子，他都嚷着要参加。可是，妈妈总是嫌他碍事："小孩子，懂什么，一边玩去！"轩轩不服气，就偷偷拽了一块小面团放在手心里玩，等到妈妈发现的时候已经揉成了黑面团。每天晚上，轩轩都抢着扫地，结果地没扫成，却把垃圾桶给撞翻了。妈妈气得吼了起来："走开走开，再捣乱就打你了！"

为什么妈妈不能给予孩子多一些耐心呢？拒绝让孩子干家务，只会让孩子的动手能力越来越差。所以，不妨给孩子创造一些做家务活的机会，即使有时孩子把活儿干砸了，可通过一次又一次的努力，他总会有进步的。更重要的是，在这个过程中，孩子的动手能力会越来越强。

2. 舞蹈或运动

妈妈下班回到家，被房间里的场景吓了一跳，她发现自己的大床上有3个小姑娘穿着鞋在蹦蹦跳跳，除了自己的女儿王英外，还有另外两个小女孩，而空调毯不知何时变成了大家的跳舞裙。妈妈气得冲进房间一下子就把3个小孩拎到了地上，狠狠地训了一顿。

妈妈爱干净固然不错，但是也要原谅孩子的顽皮。除了告诉孩子不能把床当舞台之外，还应当创造条件让她们玩得更自在，比如购置充气式地垫，让孩子在地垫上玩耍；带孩子去参观儿童舞蹈班，或是运动学校，看看孩子是否喜欢舞蹈或运动。

3. 科学技能

5岁的赵阳喜欢跟着爷爷，看爷爷把植物搬进搬出、浇水、松土，也忍不住偷偷摸摸跟着摆弄。他常常制造点小麻烦，让爷爷哭笑不得。有一次，大家发现海棠的盆子里冒着热气，过去一看，原来，赵阳把一杯开水倒进了海棠花盆里。那可是爷爷最喜欢的海棠花啊，不得已，爷爷只好对赵阳约法三章——不准靠近花草。

诚然，爷爷的处罚似乎有些严厉了，可以给他讲明白为什么开水不能浇花。既然赵阳对花草感兴趣，何不由着他自由自在地接触呢？这会给孩子提供很多实践的机会，会培养孩子对自然科学的热爱。一个愿意探究植物生长奥秘的孩子，长大后成为科学家的可能性很大哦。

4. 创造发明能力

小舰喜欢各种各样的汽车玩具，可到了手的玩具最后都逃不开厄运：拆得七零八落。无论爸妈如何劝诫，小舰依然我行我素。有一天，他又把姑姑送的遥控警车给拆坏了，爸爸一气之下，打了他一顿。

喜欢拆东西的孩子让人头痛，看着好好的东西变成一堆零件，再有理智的人都会心生不满。但这是孩子好奇心的表现，而非恶意。家长不能用成人的目光来判断，正因为有好奇心，孩子才会这样做，如果他能无师自通学会安装，那可真是一个了不起的小天才！

5. 交际能力

陈烨是个"好事佬"，无论身边发生什么事，哪怕挤着小脑袋，他也要搞清楚。大人聊天，不论是否了解事情的来龙去脉，他都要参与其中。陈烨特别喜欢到别人家串门，甚至玩到了吃饭时间都不肯回家，好几次都在别人家吃晚餐，这让一向行事规矩的爸爸妈妈感到尴尬不已。为此，只要陈烨一提出想出门玩，妈妈就毫不客气地拒绝了。

也许，在爸爸妈妈眼里，陈烨太"野"了，但实际上，他是一个性格活跃、开朗的孩子，只是缺乏一些必要的引导而已。在当今社会，人际交往是一门大学问，陈烨能在别人家"蹭到"晚餐，这说明他是个比较讨人喜欢的小孩。所以，如果对方不介意，家长也可以找个机会把他们的孩子请到家里来玩，由陈烨做一次东。这样既增加了孩子间的交流，也给大人间搭起情感交流的平台。总之，家长千万别把孩子管得太紧，以免失去培养他们交际能力的机会。

6. 观察力

姜莹的记忆力和观察力非常好，她常常会发现大人说话的漏洞，并以"纠正"大人的口误为乐。有一次，姜莹和妈妈在路上遇到了妈妈单位的领导，面对领导略带方言的普通话，姜莹在一旁一次又一次地给予"纠正"，最后领导只能尴尬地"逃离"，妈妈也尴尬万分。由于孩子太较真，妈妈越想越气，回家后狠狠地数落了姜莹一顿，并警告说以后再也不许当"大嘴巴"了，否则就会受到惩罚。姜莹因此委屈地大哭了一场。

其实，孩子的世界很单纯，她并不知道察言观色，这其实是她的天性，我们不应责怪她。妈妈可以就事论事，告诉她："人的有些缺点是很难或者无法改变的，例如普通话不标准，这些缺点不需要我们指出，人家自己也知道。如果一再地指出来，会破坏掉谈话的流畅与融洽，并且让对方难堪。所以，下次发现类似的情况，不要再当面指出来了。"

总之，家长要善于发掘调皮孩子的潜能，主动打开他们的心灵之门，与他们建立一种和谐的关系，只有这样，才能促进他们身心的健康发展。

可以"疯闹"，不可耍脾气

调皮孩子有着过剩的精力，喜欢玩耍、喜欢闹腾，并且一闹就是"疯闹"，无论谁的话都听不进去。同时，调皮孩子往往追求个性的独立，有着"特殊"的脾气与性格，家长需要认真去了解。

可是，有些家长就是把握不住调皮孩子"疯闹"与耍脾气之间的平衡，常常错把坏脾气的孩子的行为当成是"闹着玩"，从而忽视了对孩子行为的正确引导。这可是万万不行的。有位育儿专家指出：调皮孩子可以尽情"疯闹"，但绝不可以纵容他们耍脾气。

事实表明，生气是一种与生俱来的生物性本能，是一种不假思索的反应，具有强烈的破坏性。

从前，在一个水池里，住着一只脾气暴躁的乌龟。它与经常来这里喝水的大雁成了好朋友。后来，有一年天旱，池水干涸，乌龟不得不搬家。它要跟大雁一起去南方生活，但是它不会飞，于是，两只大雁用一根树枝，让乌龟咬着中间，大雁各执一端，然后嘱咐乌龟不要说话，随即便展翅高飞。它们飞过翠绿的田野，飞过蔚蓝的湖泊。地上的孩子看见后，觉得这个组合很有趣，拍手笑起来："你们看啊，那只乌龟很滑稽啊。"乌龟本来是扬扬得意的，听到这些嘲笑后勃然大怒，就想开口责骂他们。嘴刚张开，就从高空坠落摔死了。大雁叹气说："坏脾气真是害'龟'不浅啊！"

易怒的乌龟最终因为它的暴躁性格而命丧黄泉。同样，对一个人来说，爱生气也很容易毁坏学业、事业、家庭。爱生气的人往往容易被朋友疏远，情绪失控时还可能做出让自己终身后悔的事。因此，如何理性地面对"气"，并适当地控制生气且让自己的"气"健康地发泄出来，这也是孩子必修的一门功课。

达尔文说过："脾气暴躁是人类较为卑劣的天性之一，人要是发脾气就等于在文明的阶梯上倒退了一步。"由此可见，对于爱生气的孩子，家长一定不能忽视，要找寻根源，弄明白孩子生气的真正原因，然后对症下药，方能起到积极效果。

一般来说，孩子生气的原因有以下几点：孩子的要求超出了自己所能负荷的范围；生病；受到伤害或欺骗；感觉受到不公平的对待；得不到大人的关爱；被频繁地与他人比较，感受到压力；为了达到某种目的而故意为之；家长经常在孩子面前吵架，使孩子在潜移默化中受到影响……

是的，人总有不开心、受委屈的时候。面对这种情况，家长要教会孩子调节自己的情绪，要么通过自我调整压抑不良情绪，要么寻找适当方式释放这些情绪。当一个人学会如何管理自己的情绪，从坏脾气逐渐变得平和稳定时，好运气也许就会随之而来。

"好脾气的人受人欢迎，坏脾气的人令人厌烦。"在孩子生气时，家长应采取适当的方法予以引导。当然，有效"制怒"的方法有很多，要因人而异，不能一概而论。下面就介绍几种方法，供家长参考：

1. 冷处理

"当孩子发脾气的时候，最重要的是不让孩子沉溺在情绪中无法自拔。"美国一位心理学专家说，"佩里亚是我7岁的女儿，她常常感情用事，有时我真的无法忍受，就会告诉她我需要离开房间静一会儿。当我发现她已经到了能够宽慰自己的年龄时，我告诉她感到悲伤或愤怒是正常的，然后我会让她的愤怒情绪自然地平复。"

2. 转移注意力

当孩子生气时，家长可以引导他们将注意力转移到愉快的事情上去，比如可以放孩子喜欢听的音乐，和孩子谈他感兴趣的话题等。

3. 有约在先

在充分了解孩子任性的原因后，用事先"约法三章"的办法来预防任性的发作。比如孩子上街总是哭闹不止，可在出门前就与孩子商量好，"上街不许胡闹，你自己走，实在累了，可以休息一会儿。如果不遵守约定，下次就不带你出去了。"

4. 适当惩罚

有时，只靠正面教育是不够的，适当惩罚也是一种极为有效的教育手段。比如孩子生气不吃饭，家长无须多言，过了吃饭时间就把食物全部收走即可。这样，孩子会明白自己的行为会带来后果，从而学会控制自己的情绪。

可以自我，不可自私

一般来说，调皮的孩子总是不那么"听话"，老惹家长生气。这都是由于他们的性情使然，他们往往过于关注自己的需求，较少考虑到他人的感受。有人说，这是孩子自我意识的表现，不必大惊小怪；有人则说，这是孩子自私自利的体现，绝不可轻视。

自私是一种性格上的缺陷，它会让孩子落入孤独无援的处境里。

自私自利的孩子喜欢说这样的话：

"我才不管他怎么做呢，我就这么做，反正我喜欢这样！"

"我不明白我为什么要把自己的东西给别人分享。"

"我要我要，我现在就要，不给我就生气。"

"自己的事情自己做，要我帮忙，门都没有。"

自私自利的孩子，占有欲、唯我意识都比较强。他们喜欢把"我"挂在嘴边，如果别人没有满足"我"的需要、"我"的要求，我一定不高兴，但你别想"我"去分享、去付出。这样的性格，对孩子的成长毫无益处。一个以自我为中心的孩子，永远不会被他人所喜欢。

为了帮助孩子远离自私自利的性格，家长应做到以下几点：

1. 对待孩子不要搞特殊化

在日常生活中，父母应满足孩子的合理需求，但不要对孩子搞特殊化，要让孩子明白自己在家庭中与其他成员是平等的，彻底消除孩子"唯我独尊"的思想。对于孩子提出的要求，合理的答应，不合理的应明确拒绝，并耐心解释原因。

当然，孩子不一定会立刻接受，必然有一个适应的过程。对于孩子的哭闹，父母应有充分的心理准备，不要因为孩子的哭闹而盲目迁就或大发脾气。给孩子一个冷静的空间，让他们意识到哭闹无法解决问题。

2. 让孩子与家人一起分享

家里有什么好东西，也不要自己舍不得吃、舍不得用，全留给孩子，这样的做法只会让孩子养成独占意识，发展下去就会演变成自私自利。父母一定要让孩子学会分享。

让孩子学会分享，就要从小做起，从小事做起。例如，孩子从小最在乎的就是食物了，如果孩子独占的话，父母可以把食物公平地分开，不能对孩子放任不管，任其独享。

3. 父母不应给孩子太多的关注

有位母亲非常疼爱她的孩子，把自己的全部注意力都放在了孩子身上——"宝宝不要乱跑!""宝宝，你没摔伤吧?""宝宝，妈妈帮你把扣子扣好!"……结果，孩子越来越调皮，越来越难管。

教育学家认为，如果孩子从小在家庭中处于中心地位，父母给予太多的关注，那么孩子在长大以后只会考虑自己的存在，只对自己有利的事感兴趣。所以当父母遇到孩子独占、抢夺别人的东西的时候，应当反省自己的教育方法。避免过度关注孩子，父母应当尽量让孩子感觉自己与其他家庭成员一样都是平等的。

4. 让孩子学会给予

真心给予的礼物，无论价格高低，无论有效期长短，都是世界上最永恒、最珍贵的。让孩子学会给，比教会他拿更能帮助他愉快地与人相处。用自己的压岁钱买一份小礼物在母亲节时送给妈妈，或在奶奶过生日时给奶奶买一份小礼物，这些都是孩子懂得给予的开始。不过，无论孩子买的礼物是什么，是否贵重、实用都不重要，重要的是孩子是真心的给予，是没有期待回报的给予。

5. 给孩子提供关心他人的机会

如爷爷回到家，爸爸帮爷爷倒杯茶，让孩子为爷爷拿拖鞋；奶奶生病了，妈妈为奶奶拿药，让孩子为奶奶揉揉疼的地方，或者为奶奶倒水；爸妈头痛时，让孩子帮着按摩按摩太阳穴……日子久了，孩子就学会许多力所能及的事情。再如上街买菜时，让孩子帮忙拿一些他能拿得动的东西，有好吃的就让他与家人分享，以后孩子每碰到类似情况，会如法炮制，慢慢就会养成关心他人的习惯了。

6. 让孩子做力所能及的事

不要让孩子养成衣来伸手、饭来张口的坏习惯，只有勤快的孩子才会懂事，关心、体贴别人。一般情况下，勤快是培养出来的，所以，父母要循序渐进地教孩子做一些力所能及的事。

7. 不要太过偏袒自己的孩子

当孩子在交往中遇到矛盾和纠纷时，父母千万不要偏袒自己的孩子，否则会让孩子错误地认为自己是特殊的，别人都比不上自己，都要让着自己。

孩子自我一点不算什么，可是，如果自我过了头，就会演变成自私。因此，要想孩子更好地在这个社会上生存，家长应帮孩子克服自私自利的问题。

登门槛效应：教育孩子要循序渐进

在我们的生活中，有这样一种现象：当你想请求别人帮忙的时候，如果一开始提出的要求很高，很容易就会遭到别人的拒绝。而如果你先提出一个较低的要求，当别人答应之后你再一步一步深入，提出别的较高的要求，就比较容易达成目标。这种现象被心理学家称为"登门槛效应"。

教育调皮的孩子时，家长也可以借鉴登门槛效应：先提出一个比过去有所进步的小要求，当孩子达到这个要求的时候再通过鼓励和表扬逐步提出其他更高的要求，这样，孩子往往更容易接受并力求达到。

登门槛效应蕴含着一种教育的理性、教育的智慧。"随风潜入夜，润物细无声"，不经意处见匠心。根据登门槛效应，家长在制定目标的时候，一定要考虑到孩子的心理发展水平和承受能力。要分析孩子不同阶段的发展水平，根据孩子不同的年龄阶段、不同的能力层次，制定不同的目标，使孩子经过努力能够达到，即"跳一跳，就能够够得着"，让孩子能享受成功的喜悦。

　　家长在教育孩子的过程中，应该将远期目标和近期目标结合起来，将较高的目标分解成若干小目标，以激发孩子的学习积极性。孩子一旦实现了一个小目标，或者迈过了一道小小的门槛，那么在以后的学习生活中，就会更有信心了。

　　比如，要求孩子养成良好的学习和生活习惯，家长可以首先要求孩子从找准自己的不足做起，根据自身的问题制定在一个时间段（一周、一个月或者半年）内养成一个好习惯的目标，如"早睡早起""控制自己不打游戏""做事情不拖拉""每天思考一小时""作业按时完成"等。每天坚持，长此以往，良好的学习习惯和生活习惯自然就会养成。

　　有些家长对"问题孩子"的教育急于求成，常常恨铁不成钢，对孩子提出过高、过多的要求。这样的教育是失败的，家长对孩子要有耐心，要带着欣赏的眼光看孩子。善于发现孩子的闪光点和发展潜力，对孩子的进步做出积极的、鼓励性的评价，哪怕是一个鼓励的眼神、一个赞许的微笑、一次真诚的表扬，都可能唤起孩子的自信心，使孩子看到自身发展的希望，对学习和生活充满热情，健康快乐地成长。

1. 给孩子定的目标不要太高

　　给孩子定过高的目标，孩子不容易完成，这样就容易打击孩子的自信心，打击孩子的热情。目标过低，孩子轻易就完成，也起不到鼓励的作用。给孩子定的目标要让孩子跳一跳，能够够得着，才能达到激发孩子潜力的目的。

2. 先提一个较低的要求

先对孩子提出一个比较低的要求，让孩子先完成一个比较容易完成的任务，增强孩子的自信心，等孩子尝到成功的甜头，再对他提出进一步的要求。在一般的情况下，人们都不愿意接受一个过高的、过难的任务，因为这种任务既费时费力，又难以获得成功。相反，对于一些容易完成的任务，人们比较容易接受。

外国有位著名的心理学家曾经说过：人的积极性不仅仅源于他所要实现的目标的价值，更取决于实现目标的概率。也就是说，一件事情，完成的概率越大，实现目标的机会越多，人们越有兴趣。反之，人们就提不起兴趣。

3. 不要让孩子做他做不到的事

家长要清楚地了解自己的孩子能做什么不能做什么。首先得看孩子的年龄。不同年龄阶段孩子的发展水平是不一样的，要让孩子做符合他年龄阶段的事情。其次得看孩子的个性。

一位教育专家曾经建议，家长要想让孩子听话，不妨记住这样一些原则：不要让孩子做超出他能力范围的事情；让孩子做的事情一定要做到；做到了要及时奖励。比如对于孩子上课时讲话这件事，家长首先不要对孩子提出空泛的要求，比如不要讲话。一个思想不集中的孩子不是凭着一句"不要讲话"就可以教育好的。家长可以把目标分级，例如，如果原本孩子在一堂课中讲话三次，那么当孩子讲话的次数在逐渐减少时，就应该鼓励和表扬。当然，为了更有效地实施这一方法，家长还需要与老师进行密切的配合。家长要明白一个事实，孩子的注意力不集中并不是有意为之，不要经常训斥孩子或者将其和别的孩子相比较。